向上社交

孙瑜 编著

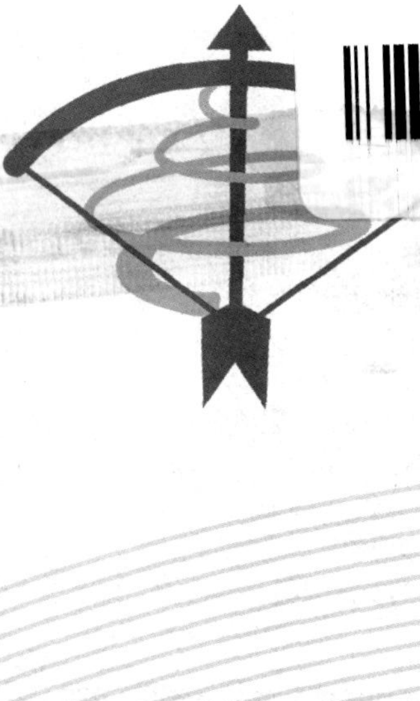

SPM 南方传媒
广东人民出版社
·广州·

图书在版编目（CIP）数据

向上社交 / 孙瑜编著．—广州：广东人民出版社，2024.4

ISBN 978-7-218-17496-9

Ⅰ．①向… Ⅱ．①孙… Ⅲ．①社会交往—通俗读物 Ⅳ．①C912.3-49

中国国家版本馆 CIP 数据核字（2024）第 070050 号

XIANG SHANG SHEJIAO

向上社交

孙瑜 编著

出 版 人：肖风华

策划编辑：吕玉萍
责任编辑：马妮璐
责任技编：吴彦斌
装帧设计：韩海静

出版发行：广东人民出版社
地 址：广州市越秀区大沙头四马路 10 号（邮政编码：510199）
电 话：（020）85716809（总编室）
传 真：（020）83289585
网 址：http://www.gdpph.com
印 刷：德富泰（唐山）印务有限公司
开 本：670mm×960mm 1/16
印 张：14 **字 数：**135 千
版 次：2024 年 4 月第 1 版
印 次：2024 年 4 月第 1 次印刷
定 价：59.00 元

如发现印装质量问题，影响阅读，请与出版社（020-85716849）联系调换。
售书热线：（020）87716172

序言

PREFACE

在哈佛商学院的案例教材当中，涉及中国的案例，在文化背景知识中常常会提到“关系”这个词，强调关系在中国的重要性和特殊性。

事实上，关系并非中国所特有，在任何一个国家，关系都无处不在。因为人都生活在社会当中，每天都需要与不同的人接触、打交道，发生一定的联系。可以说，只要是人，就不可避免地要与别人之间产生各种各样的关系，而稳定的关系就是一个人的人脉。人们在这个世界上能否获得成功和幸福，很大程度上也取决于其所拥有的人脉。那些事业上成功的人，似乎总有“贵人”相助；那些生活上幸福的人，也总会有正能量的人相伴。

但是，这个社会上其实没有人会无缘无故地帮助你、陪伴你，你能够得到贵人相助，得到正能量的人相伴，一定是你凭借自己的实力和能力抓住了很好的机会。这些好机会让你打开了自己的社交格局，结识到了更多优秀的、厉害的人，进入更高层次的社交圈层，由此也获得了更多的成功经验，收获了幸福的人生。

这就是向上社交带来的价值。

实际上，每一个追求成功的人都懂得向上社交的重要性。因为向上社交可以让自己获得更多的学习机会和成长机会，也可以获得更多的人脉资源和社会资源。巴菲特曾说过："你要成为一个赢家，就必须和赢家一起奋斗。"与厉害的人共事，你会潜移默化地学习他们思考问题、解决问题的方式；与他们简单交流几句，一起吃顿饭，聊一个小时，就可能解开一个困扰你很久的难题。正所谓"以能者为镜，可以照见不足；以强者为灯，可以指引人生万里路"。

在 2000 年，马云还是一个一点儿知名度都没有的"小透明"，公司刚刚成立，员工也没有几个人，更没有任何影响力。但是，他在这种情况下结交上了金庸这位大人物。他是怎么做到的呢？

马云是金庸的"小迷弟"，很早就喜欢读金庸先生的武侠小说。他去拜访金庸先生之前，自己做了大量的功课，首先把金庸先生的所有小说都重读了一遍，甚至达到了倒背如流的程度，对于其中的人物性格、所表达的人生道理等，也都悟得透透的。其次，他把金庸的武侠文化融入了自己的公司，刚开始时，公司的文化为九大价值观，他直接将其取名为"独孤九剑"，还把办公室的名字都改成金庸小说里面的名字，如"光明顶""思过崖""听雨轩""桃花岛"等。再者，2000 年前后正是互联网发展的寒冬期，马云作为互联网行业中的创业者，希望自己可以为中国互联网做点儿事情，把互联网这个"江湖"中的武林高手们都召集在一起，大家一起商讨如何抱团取暖。

马云所做的这一切，都很符合金庸先生的武侠情怀。做好了这些准备之后，马云才去拜访金庸先生，并和金庸先生讨论了书中的那些人物、事件、道理等，向金庸先生表达了自己的感慨是什么，从某个人物身上学到了什么，同时也介绍了自己的公司文化。最后，他又向金庸先生表明，自己具有武侠情怀，希望能为互联网寒冬做些事情。

就这样，马云成功地结交到了金庸先生这样一位贵人。2001年9月，金庸先生受马云邀请，与一众互联网大佬在浙江杭州的西子湖畔举办了网络峰会“西湖论剑”。与会者除了马云之外，还有网易创始人丁磊、搜狐创始人张朝阳、新浪创始人王志东等人。马云也趁机结识到了互联网中更多的优秀人物，为自己的商业发展创造了更好的机会。

由此可见，向上社交可以帮助我们结交更多的人脉资源，创造更多的发展机会。而优秀的人也都懂得和擅长向上社交，因为他们知道，一个人要进步，就必须要跟比自己更厉害的人交流、交往，从对方身上学习更多的知识和经验。

当然，向上社交不是一件容易的事。有些人虽然也想向上社交，但碍于面子或心存自卑、恐惧等，不愿、不敢、不会与那些优秀的人结交，结果可能错失了很多的资源和机会。

事实上，向上社交是有方法可循的，只要我们敢于跳出自己的舒适圈，通过多种渠道去了解要结交的人，多创造机遇去巧妙地接触想要结交的人，就有机会成功实现向上社交。当然，在向上社交的过程中，我们也要不断提升自己的能力和素质，懂得为对方创造价值，同时学会与对方共情，建立彼此信任的关系，拥有利他之心，努力克服自己在社交中的障碍，就可以拉近自己与要结交之人之间的心理距离，与对方产生深度链接。

总而言之，优秀的人脉与资源并不只眷顾那些具有社交天赋的人，向上社交也不是不可捉摸的魔法，而是实实在在可以习得的技能。掌握这些技能，任何人都可以从一个不愿、不敢、不会社交的人，变成一个人脉达人，变成一个别人愿意主动结交的对象。

目录 CONTENTS

第一章 优秀的人，都懂得如何向上社交

第二章 跳出圈子，努力结交比自己厉害的人

第三章 知己知彼，向上社交更有效

第四章 创造机遇，切实提高交际能力

第五章 自我提升，向上社交更持久

第八章 克服社交障碍，拉近彼此心理距离

第一章

优秀的人，都懂得如何向上社交

展示自我，让对方知道你的价值

我们现在经常听到“人脉”这个词，但人脉不是拥有多少人的联系方式，而是能够从多少人中获得资源和支持，让自己获得更多向上社交的机会。这时，在人际交往中展示自己的价值就会至关重要。社交的本质就是交换，每个人都有自己各种各样的需求，而社交的目的就是满足这些需求。如果你在社交当中无法让别人看到自己的价值，那么你很难成为社交关系中的一员。反之，能够在社交中展现自己的价值，为其他人提供各种知识、信息和资源的人，才能成为其他人信任和依赖的对象，并因此有机会结交更多比自己优秀的人，进入更高阶的圈层。

不过，相比于那些盲目展示自我的人，了解他人需求往往能让自己的价值展示更有针对性，也更有影响力，因为不是任何价值都能对对方产生吸引力。有时你告诉别人你能给他提供什么，或许对方并不需要。所以，更有效的方法应该是告诉对方“我能为你带来你所需要的东西”。

有一位刚刚涉足影坛的青年演员，他有着英俊的外表和不错的演技，在大屏幕上崭露头角。但从职业发展角度来说，他迫切需要一个公关公司来为他做宣传，以便可以增加知名度。而想得到较大力度的宣传，最好的办法就是自己成立一家公关公司。可这需要很大一笔钱，他自己根本拿不出那么多钱。

一次偶然的机会，青年演员结识了一位曾在某大型公关公司任职的人，这个人不但行业经验丰富，人脉关系也很广。几个月前，他刚刚开办了一家属于自己的公关公司，但因为是新公司，那些当红的明星、演员都不愿意与他合作，让他感到很烦恼。

青年演员了解情况后，主动找到这家公司，表示愿意成为这里的签约艺人，而公司则为他提供出席活动所需要的经费。同时对青年演员也有所了解，知道他正处于事业上升期，只要公司好好宣传，以后红起来，肯定能给公司带来好处。

于是，双方很快签定了合约。仅仅一年后，青年演员就因为一部影视剧而爆火，这家公关公司也随之声名鹊起。

在日常社交模式当中，想要让别人关注自己，或者引起对方继续深入交往的欲望，也一定要注意展示自我，让对方知道自己的价值。尤其在向上社交中，价值呈现更是一个很重要的方面，也是提升社交高度和深度的重要方式。从现实角度来说，人际资源的价值与认识对方多久没有关系，关键在于自己对他人而言具有多大的价值。一个人的价值越大，对他人的吸引力越强，向上社交成功的可能性也越大。

有些人可能觉得，做人应该低调一些，自己默默做事、默默努力，总会被人看到。他们甚至对那些直接展示自己的人嗤之以鼻。但你要知道，大家每天都很忙，都有自己的事情要做，你不积极展示自己，别人可能根本没有多余的时间和精力去发现你、挖掘你。久而久之，你就会成为那个不被人看见和关注的人。

有句话叫“无价值，不社交”，这不是一句功利的话，而是告诉我们，对待社交应该有这样一种认知。尤其在向上社交过程中，如果对方不知道你的价值，可能根本不愿意在你身上浪费时间，也不会将你带入高价值的社交圈之内。

那么，我们怎样在社交中展示自我，获得更多人的关注和青睐呢？

一、认真完成自己的本职工作

无论是在职场上，还是在日常生活中，我们都需要做好自己的本职工作。如果你是一名普通员工，就要尽自己最大的努力去完成公司交付的工作。一个专业的、优秀的员工不但是公司所需要的，也可以让同事和领导更加关注。

同时，在日常生活中，我们还需要不断学习，提升自己的各项技能，以便可以在自己擅长的领域内具备更强的竞争力。这样，我们的优点才能被更多人看到，而获得更优秀的人的欣赏和信任。

二、创造属于自己的“代表作品”

价值与社交的关系就像是皮与毛之间的关系，“皮之不存，毛将焉附”，而展示自己价值最有效的方式之一，就是创作属于自己的“代表作”。你的“代表作”有多醒目，你的社交筹码就有多大。

比如，你做的一个案例或一件事达到了尽人皆知的程度，这时你向上社交的筹码就非常强大。你出现在任何一个社交场合，都会有人慕名前来跟你结交。

在现如今这个“个人IP”的时代，你也可以打造自己的“代表作”。例如近几年知识付费非常流行，很多知识博主就通过输出观点或提供服务的方式，成功地打造了自己的个人品牌，这些成果都可以成为他们的社交筹码。

三、善于提供情绪价值

现在有不少人都特别容易焦虑、烦躁，每天因为工作和生活中的琐事而出现负面情绪。这时，不管是平凡的人还是优秀的人，也不管是普通职员还是业界大佬，都需要身边有个人能陪伴自己、倾听自己、安慰自己，甚至需要身边有人可以给予自己一定的鼓励和指导。

所谓情绪价值，就是对方跟你在一起时感到舒服、开心。当对方需要倾诉时，你能安静地倾听；当对方分享喜悦时，你会开心赞扬……人都是受情绪支配的动物，每个人也都需要情绪价值。如果你能够通过陪伴、倾听、鼓励、安慰等方式展现出自己的共情能力，为对方提供情绪价值，就可以有效增进与对方的情感连接，让对方离不开你。

四、能够提供有价值的信息或资源

信息差永远都存在，我们不知道的事情，可能别人早已知晓。不管是行业内幕，还是最新资讯，有些人总是比其他人先一步得知。而这些能为别人提供信息价值的人，走到哪里都会非常受欢迎。如果你也有这样的信息资源，向上社交就不会太难。

同样，能够为别人提供有效的资源，也会受到很多人的欢迎。

青年作家剑圣喵大师在新书《别让情绪毁了你的努力》中讲了这样一个故事：

有一天，剑圣喵大师在浏览微博时，发现了一个新的 ID：乡村教师代言人——马云。他感到很奇怪，马云什么时候变成乡村教师代言人了？后来经过了解才知道，原来马云正在做一个陕甘宁云贵川乡村教师的鼓励计划，计划要评选 100 名优秀的乡村教师。

剑圣喵大师一下子想到了自己的一个朋友李老师。李老师已经担任了 20 多年的乡村教师，广受学生和家长的好评。于是，他就把这个计划介绍给了李老师，还帮他用英文写了一封推荐信。随后，他通过报社的朋友将这些材料送到了马云乡村教师基金会。

过了一段时间，李老师不仅成功入选优秀乡村教师，还见到了马云，马云还表扬那封英文信写得十分有感染力。

美国著名作家哈伯德曾说："要结识朋友，自己得先是个朋友。"要向上社交，就必须先让自己有价值。社交中的价值交换就是社交的本质。每个人都应该找到自己的价值，并在社交场合中积极展示自我，主动付出，分享自己的价值，这样才有可能接触到更多优秀的人，达到向上社交的目的。如果现在自身的价值还比较低，也不要强行去建立无效的人脉，而要积极提升自己的认知和能力，让自己变得更有价值。先成就别人，最终才会成就自己，这才是向上社交的正确打开方式。

打造一套适合自己的社交思维体系

如果你在职场上仔细留意，就会发现，有些人虽然有一定的能力，但对工作总是充满抱怨，对同事有诸多不满，表现出一副能力过人的姿态，习惯降维打击。他们与领导、同事相处得都不算融洽，有明显的疏离感，因此很难获得升职加薪的机会。

还有一些人，对任何人都不带有攻击性，看上去对谁都很友好。工作能力看起来一般，但在职场上能左右逢源，如鱼得水。

以上两类人的区别，就在于他们面对人际关系的不同态度。第一种人不善于处理人际关系，所以也难以获得更多的好机会。第二种人拥有很厉害的社交思维，善于处理职场中各种复杂的关系，所以也更容易结交各路高人，获得更多的好机会。事实上，第二种人的工作能力也不差，只是与社交能力相比，工作能力表现得不那么明显而已。

莎士比亚曾说："没什么事是好的或是坏的，但思维使其有所不同。"如果我们把这种观点用在社交关系上面，就能更好地处理人与人之间的关系。通常来说，只要是正常的社会人士，就一定知道社交的重要性，也会积极地进行向上社交。但是，有些人受限于自己的思维模式，常常在社交过程中表现出不分是非、咄咄逼人、主观臆断、做事全凭个人喜好等负面形象。这种做法很难拥有好的社交关系，也很难建立向上社交。

这就提醒我们，想要实现向上社交，必须有一套适合自己的社交思维系统。利用这套系统，你才能更好地拿到结果，实现目标。

总体上来说，不管你要打造怎样的社交思维体系，你的思维体系中都应该包含下面几点内容：

一、找对人，了解人

向上社交的第一步，就是找对你要交往的对象，然后尽可能地了解对方，如对方是什么性格，有哪些喜好，以及对方的需求和痛点是什么，等等。

我们必须承认，向上社交具有功利性的一面，多数时候都是为了达到自己的某个目的。比如，结交生意上的伙伴，结交能为自己办事的有地位的人。在这些情况下，只有找对人，才有可能做成事。

二、研究对方的痛点、爽点和需求

在了解想要结交的人的基础上，我们还要做具体的分析和研究。只有把一个人研究透了，我们才能投其所好，迅速与其结交。

在研究对方的时候，重点要研究对方痛点、爽点和需求。所谓痛点，就是这个人迫切需要解决的问题是什么；所谓爽点，就是这个人有哪些兴趣、爱好等，知道了对方的爽点，你就能迅速接近对方；所谓需求，就是这个人最渴望的是什么，最想要满足的是什么。

无论多厉害、多优秀的人，只要你把以上三点研究透了，再有针对性地与之交往，就能达到向上社交的目的。

三、提供解决方案

人际交往的本质是利益和价值，向上社交同样如此。你如果不能满足对方的需求，不能解决对方的痛点，不能为对方提供解决方案，对方为什么要与你结交呢？

当然，在向上结交过程中，要满足对方的利益需求很不容易，毕竟你的实力不及对方。在这种情况下，你可以寻找一些窍门，比如给对方出出主意，在一些细节小事上照顾对方，或者帮对方做一些他们不愿意自己做的事，这些都能给对方留下很好的印象，为自己赢得向上社交的机会。

不过，即使你按照以上的原则打造思维系统，也要注意几点。

首先，在与对方交往时要降低自己的攻击性。这并不是说你真的具有多强的攻击性，而是指那些你在无意中暴露出来的有攻击嫌疑的语言和行为，哪怕只是一个表情、一个小动作。在朋友当中，你的这些言行可能不会引起误会，因为对方对你足够了解，多数时也能猜出你心里的真实想法。但是在不熟悉的人或陌生人当中，尤其是在向上社交过程中，你的一些言行就很容易引起误解，因为对方对你知之甚少，只能通过你的言行、神态等做出判断。这时候，你的表达就要十分谨慎，表情也要有所控制，比如“恕我直言……”“我这人说话直接……”“我没有针对谁……”等话语尽量不要用，否则可能影响你们之间关系的建立。

其次，学会在不同中寻找相同。也就是说，你与一个不熟悉的人甚至是陌生人之间，也一定会存在某些相同的地方，这就是你跟对方之间发生联系的关键媒介。找到这个媒介，就相当于找到了你与对方开启一段关系的按钮。比如，你是一个设计师，对方是个客服部领导，你们两人职业不同，似乎很难建立联系。但你们可能是老乡、是校友，或者是某个俱乐部的成员。不管是什么，你们之间总有至少一点是有关联的，你的任务就是找到这一点关联，与对方建立连接。

当然，如果你与对方完全陌生，也没有很直接的关联，这时与对方结交最好的办法就是找到一个中间人。有了中间人的连接，你再跟对方结交就会容易得多。因为中间人可以为你们两人的人品、性格、能力等做背书，这就等于你们对对方都有了基础性的了解，再交往也就有了共同的语言。所以，如果有可能，寻找一个中间人也是一个不错的做法。

总之，不论在任何场景，与你沟通、交往能让别人感到舒服，你们就有可能成为朋友。人类的行为往往都是由一定的思维决定的，社交也是如此。在人际交往中，你只有拥有正确的社交思维，才能让人愿意与你建立关系。而且当你达成一定的目标后，正确的思维还能帮你打开眼界与格局，促使你继续优化方案，提升自己，协助你更有效地进行向上社交。

通过情感输出拉近彼此关系

在人际交往中，情感是一个非常重要的沟通元素，它可以展示更加丰富的人物情感，也可以丰富人物的形象，让相关的话题和事件变得魅力十足，让整个对话充满了人性化的色彩。所以，情感对于促进人际关系、实现向上社交具有重要作用。而每个人都是情感的混合体，每个人也都有着丰富的情感体验。善于输出情感，往往可以增强说服力和影响力。正因为如此，人与人之间的交往才需要加强情感输出，用情感输出的方式拉近彼此的关系。

在日常生活中，人与人之间的交往常常都是点头之谊，这就是因为情感上的连接不够充分，平时即使交谈，也只是客套一下。这种交流缺乏情感基础和情感输出，所以彼此之间的关系也难以有实质性的进展。

相比单纯地提出交往请求，或者直接进行沟通，带有情感的输出往往能让交谈更有吸引力。这种情感输出的表达方式不一定要煽情，一些平实的语言照样能体现出真挚的感情，一些简单的对白也同样能够表达出自己的诚意。

比如，有些人在向别人提出请求时，可能会直接表达自己的想法："帮我拿一下水杯。"或者直接说："把我的水杯拿过来。"这样的语言中就缺乏情感和诚意，只是一种生硬的表达。对方即使听到了，也可能没有什么反应。

如果你换个说法，比如："麻烦你帮我拿一下水杯，谢谢。"这种表达方式就比较礼貌了，不过仍然显得有些老套。

“如果你现在不忙的话，能帮我拿一下水杯吗？我想喝口水。”这样表达会显得更加恰当，既提出了自己的需求，也给了对方选择权，对方也能感受到你的谦虚礼貌的态度。

在人际交往中，不同的表达方式往往会产生不同的效果，对彼此间的交流也会产生不同的影响。上面的表达中虽然只是一句请求，但感情输出的多少也会影响最终的效果。

不过，在向上社交过程中，我们不但要学会表达，还要学会让别人表达。尤其当你面对一个不善言辞的人，或者对方不想交谈的时候，如果只是你一个人在表达，可能会引起对方的反感。这时，我们要学会用情感输出的方式引导对方说话，以确保交谈可以顺利进行下去，同时也能拉近与对方的关系。

具体来说，我们可以采用下面几种方法来尝试。

一、善于倾听

在社交过程中，很多人需要的往往不是建议、不是安慰、不是吹捧，而是倾听。在多数情况下，比我们优秀、比我们厉害的人并不需要我们的帮助，他们远比我们有能力解决自己的问题，但有时他们却需要有人倾听他们，能与他们共情。如果你学会认真地倾听对方，既是尊重对方的表现，也能增强对方的自尊心，让接下来的交往更加平等和互惠。

因此，成为一个好的倾听者，专注于对方的话语，并适当地提出一些有意义的问题来表达自己的兴趣和关注，也是你实现向上社交必备的一项素质。

二、真诚赞美，并尽量具体化

很多人认为，赞美比自己优秀、比自己厉害的人就是拍马屁。其实，赞美与拍马屁是有着本质区别的。

在向上社交过程中，我们的原始动机就是认为对方更强，我们想要与对方交往，获取能量，所以赞美原本就是我们发自内心的想法。当然，你的赞美必须真诚，所赞之事也必须属实且值得赞美，否则对于眼明心亮的对方来说，强拉硬拽的“拍马屁”就像小丑表演一样滑稽可笑，甚至可能弄巧成拙，让对方认为你是在捧杀或嘲讽他。

所以，在赞美对方时，一定要把握住“真诚”这个大前提。一些过于简洁或概括性的语言往往难以引起共鸣，还可能给人一种敷衍的感觉，最好能从具体的事例和细节切入，越详细越好，这样对方才会认为你是个真诚、用心的人，也愿意与你做进一步的交往。

三、给出正向反馈

有些时候，我们可能幸运地获得了优秀的人的指点和帮助，轻而易举地就解决了困扰自己很久的问题。这时，聪明的人会马上给出正向反馈，比如真诚地向对方表示感谢等。

但是也有一些人，认为这些厉害的人不过是轻描淡写地指点自己一下，根本不需要他们费什么心思，所以也没必要当回事。殊不知，这样就很容易失去与对方继续建立连接的机会。

在社交过程中，聪明的人会做到事事有回应、事事有交代，让对方觉得自己是一个很知恩图报、很懂得社交规则的人。因此，即使是得到别人“轻而易举”的指点和帮助，事后也一定要给予对方反馈，感谢对方给予自己的指点，并与对方分享自己的喜悦，让对方看到自己的进步。这样，对方心里才会更加舒适，在情感上也会更加偏向于你。

要知道，你怎么对别人，别人就会怎么对你，这一规则在向上社交中同样适用。如果你获得了别人的帮助，却从不与对方互动，也不表示感谢、感恩，那么对方慢慢就会疏远你，甚至干脆在自己的交际圈中把你筛除。

人际交往最怕什么？最怕你挥一挥衣袖，没留下一片云彩！想要吸引优秀的人靠近自己，就必须要在交往过程中带入一定的情感因素，用情感输出来代替直白的交往，这才更容易加深彼此之间的关系。要做到这一点，不但需要你拥有细腻的情感，还需要你能够用真诚的态度输出自己自然、真实的情感状态。当对方被你的情感所感染后，才会越发愿意靠近你，维系与你之间的关系。

结交更优秀的人，从优秀向卓越进阶

亚马逊创始人贝索斯曾说：“我一直非常努力地尝试着只和我欣赏的人一起工作……如果你选中自己欣赏的人，那么他可能会成为你或者其他员工的榜样，你们可以从他身上学到很多东西。”

无独有偶，Facebook 创始人马克·扎克伯格也表达了类似的观点：“只有那些我觉得自己愿意为他工作的人，我才会聘用他直接为我工作。这是一条很好的标准，并且在我这里屡试不爽。”

贝索斯和马克·扎克伯格的观点都说明，找到自己欣赏的人，结交比自己更优秀的人，不但能让自己获得愉快的感受，还能不断提升自我价值，让自己从优秀向卓越进阶。

心理学上有个名词叫作“自我服务偏差”，意思是说，人们往往会把成功的原因归于自己的努力，而把失败的原因归于外界。比如，在一场比赛中获胜了，就认为是自己发挥了决定性作用；但如果失败了，就会责怪队友发挥太差，或者外界的某些环境条件影响了自己。很少有人会把失败归咎于自己，因为人都不愿意承认自己的局限性。

但是，跟比自己更强、更优秀的人在一起时，你就会发现他们有一个共同特点，那就是会主动从失败中总结经验，并把这些宝贵的经验转化为自己人生道路上最宝贵的营养，滋养自己未来的道路。

不过，要结交比自己更优秀的人并不容易，如果不是机缘巧合，你是很难一步登天的，阶段性的社交通常更有效。故而你可以先接触比自己高出一阶的人，再通过对方接触到比他更高一阶的人。当然，前提是你必须能够得到比你高一阶的人的认可，你寻求帮助的渴望也是他认同的需要，这时他才有可能帮你引荐。

这就像在职场上一样，如果你是一个新入职的“菜鸟”，想找到公司的大老板给自己做导师几乎是不可能的。这时，你必须先做好自己的本职工作，成为你的直属上司的得力助手。你的直属上司认可你、欣赏你，才会在合适的时机把你推荐给级别更高的老板认识，你才有可能获得进阶的机会。

一般来说，如果我们想结交比自己更优秀的人，是要遵循一定原则的。

一、克服自己的恐惧心理

很多人在交往过程中总是不自信。在谷歌上搜索“fear of networking”（社交恐惧），会有5000多万条信息跳出来，可见这是一种普遍的现象。

但是，想要结交更优秀的人，就必须克服这种“社交恐惧”。而要做到这一点，首先我们要对自己有正确的认知，能够深入地认识到自己的优点和不足，并且知优势而不骄傲，知不足而不气馁，保持一颗平常心。

其次是要端正态度，不要害怕受挫，也不要担心自己在社交中表现得不够完美，更不要因为出现失误就觉得自己是个失败者，以成长型心态去面对社交，就能把每一次社交当成学习和成长的机会，帮助自己慢慢成长。

另外，我们还要认识到，大部分的恐惧其实都是不真实的，比如担心自己说话不流利、穿着不够得体等。社交不需要你口若悬河，也不一定非要西装笔挺，只要真诚、坦率，不穿奇装异服，都可以与人正常社交。

二、主动了解对方，明确社交目的

在向上结交过程中，你要对自己即将结交的人有充分了解，以便明确自己的社交目的。

比如，你想结交与自己业务相关的人，那就要对他们的业务情况进行了解，如对方最近参加的活动、取得的成绩、发表的观点、结交的客户等。同时，为了尽快拉近彼此间的关系，你还要了解一下对方平时关注的东西，比如对方关注股票，那你也要提前了解与股票相关的资讯、政策等；对方关注旅游，那你就多了解一下各处名胜所在地的风土人情。这样在与对方交流时才更有话题，也更容易拉近距离。

另外，对对方的成长经历、奋斗经历、工作经历、成功经历等，也要适当了解。大部分人都喜欢向别人展示自己得意的事情，如果能以这些为切入点，也可以与对方快速建立连接。

三、主动建立连接

在向上交往中，你要成为主动的那个人，而不是被动地等着别人来跟你结交。你要主动制造交往的理由，主动去跟对方打招呼，主动向对方介绍朋友……这些主动行为既能让你有掌控感，也能给对方留下比较深刻的印象。

在与对方建立连接后，接下来你还要向对方真诚、主动地提供价值，这也是搭建优秀人脉的前提。有些人觉得，自己不如对方优秀，没什么价值提供给对方。其实不然，再优秀的人也不可能样样皆能，总有些事情是自己不擅长或考虑不到的。如果在交往过程中你能敏锐地发现对方的需要，就可以根据自己的实际情况向对方提供适当帮助。比如，与你见面的人有些咳嗽，你可以主动帮对方买药，或者分享一些有效的止咳偏方等。

互惠互利是建立长久社交关系的基石，你关心的事情、你的热情所在，都可以为对方提供价值，让对方对你产生好的印象。

四、适当请求别人帮助

很多人在搭建人脉时都有一个误区：不能求人，求人就会被人看低。这些人小时候就一直被父母教育，任何事情都要靠自己、自给自足，凡事不要去求别人，似乎这样才是做人的最高境界。

事实上，这只会让人蜷缩在自己的小圈子中，无法与更多的人建立关系。在社交中，给予和索取才应该是一个平衡的关系。尤其是在结交优秀的人时，他们需要你的机会可能比较少，这时你主动去请求他们的帮助，反而是建立关系的第一步，也有助于你们彼此间信任的养成和关系的深入。

当然，懂得请求别人帮助与真的去给别人添麻烦是两回事。懂得求人，是在别人力所能及的情况下，可以为你提供适当的帮助；而给别人添麻烦，就是给别人造成了一定的负担，甚至自己一点儿都不肯努力，却指望别人帮你解决问题，这是很难与对方建立良好关系的。

想要结交更多优秀的人，在请求对方帮助时就一定要记得，不要让对方真的帮你很大的忙，而是在对方擅长的领域内请求对方适当帮忙。并且在对方帮忙后，真诚地向对方表达感谢，这样才能给对方留下更好的印象。

总之，我们要把每次与人相处和搭建人脉的经历都当成自己宝贵的财富。“帆书”创始人樊登在一次演讲中曾过：“我们要主动结交那些比自己强的人，这样的好处就是我们的朋友圈在不断地优化。”事实也的确如此。一个人想要到达更高的高度，除了自己的能力需要不断提升之外，还要建立优秀的人脉圈。一个人的能力再强，如果结交的都是不求上进、整天无所事事的人，终有一天他也会变成平庸之人；一个人再普通，如果长期跟优秀的人在一起，终有一天他也会发生蜕变。

有意识突破圈层，捕捉更多机遇

《六度人脉》一书中有这样一句话：人脉有两个重点，一是方向，二是传递。方向是你应该认识什么样的人，传递则是你应该展示什么样的自己。

事实上，人们平时都认识什么样的人，很大程度上也反映出自己是个什么样的人。而人们所展示的自己，又决定了可以吸引到什么样的人。如果你选择向上社交，选择向别人输出更有价值的内容和信息，你就会认识到更多优秀的人，抓住更多的机遇；如果你选择和普通人交往，或者无法输出有价值的内容和信息，那么你认识的人也多是普通和平庸的。

但是在现实生活中，很多人都只想跟自己处于同一圈层的人交往，感觉这样会更自然、更舒适。至于跟自己不是同一圈层的，或者比自己更优秀的人，并不想与之结交，因为相处起来不舒服，也很尴尬。殊不知，这样的结果就是你的人脉圈中都是与你相似的人：兴趣爱好相似、能力相似、生活习惯相似，就连做事和思考问题的方式都相似。这种社交环境的确会让自己感到舒服，但想要听到不同的声音、获得不同的意见却非常难，更加碰撞不出什么优秀的创意。你周围的这群人，就像是复制粘贴版的自己。

圈层的形成壁垒就是对信息的阻断，其直接结果就是让你与外界更加丰富的信息隔绝，与多样化的圈层隔绝，与更多的机遇隔绝。在这种环境当中，不论你多么努力，都只能原地踏步，很难提升自己的能力，也很难找到更好的机遇，促使自己向着更高阶发展。

想要获得更好的成长与发展，实现个体崛起，你就必须有意识地突破自己所在的圈层，去结交更多优秀的人，接触更大的社交圈。当你的社交圈扩大后，你才能认识更多厉害的人，吸纳更多优秀的思想和观点。就像新东方创始人俞敏洪在一次演讲上所说的那样："人要跳出自己的舒适圈，把自己变成一个永远有上进心的人，上进不仅限于读书工作，更多的是你要不断地吸纳新思想。"当你有了突破圈层的意识，有了一颗上进心后，你自然会向那些比自己强的人靠近，并通过各种途径打破现有的圈层，迈向人生的更高层次。

既然突破圈层如此重要，我们又该如何有效破圈呢？

一、对自己当前的资源进行“体检”

不管你现在身处一个怎样的圈层当中，你的周围都会拥有一定的资源。你可以把这些社交资源进行整理分类，将其归纳成为几个不同的圈子，然后再对他们进行分析。比如：你的身边都有谁？他们分别是什么职业？他们能够提供什么？他们需要什么？诸如此类。

这个分析并不是要你将身边的社交资源细化到每一个个体，而是要抓住这个圈层的主要特征，所以你分析得越准确越好。比如，你将这个圈层定位为“这是个工程师圈层”就比较笼统，但如果改为“这是一个30岁以下、多数为单身工程师的社群”，就显得更加细致和准确了。只有定位准确，你才能明确“他们能提供什么”“他们需要什么”这些问题的答案。

二、通过一个人结识一个圈层的人

人脉积累是一个比较漫长的过程，想要一下子进入更大的人脉圈是一件很难的事，而且真正有效的人脉也必须建立在对对方人格深入了解，以及对对方价值的客观认识基础之上。只有满足这两个条件，才能建立起真正的人脉关系。如果你对对方的人格和价值都不够了解，就贸然与对方建立关系，后期很可能会出现合作不顺畅，或者价值交换不对等问题。

比如说，你是个对运营不熟悉的技术创业者，想要认识一些运营人员。如果对对方没有充分了解，彼此缺乏信任，往往很难建立合作。在这种情况下，你可以有意识地结识一些对运营十分熟悉的人，再通过价值交换的方式，与对方慢慢了解，建立合作关系。在交往中，你们对彼此的人品和技术水平的了解也会逐渐加深，合作也就自然而然地形成了。在形成稳固的合作关系之后，你才能通过这个人结识更多运营圈层的人才，让自己成功破圈。

三、利用自己的圈子牵线搭桥

你有没有过这样的经历：偶尔碰到一个陌生人，同他交谈一会儿发现，你们竟然共同认识某个人，然后一起发出“这个世界可真小”的慨叹？

对于世界上的任何两个人来说，借助第三者、第四者这样的间接关系，都可以使两个人建立起关系。这就是美国社会心理学家斯坦利·米尔格兰姆在 1967 年提出的“六度分隔”理论（six degrees of separation）。简而言之，你跟任何一个陌生人之间所间隔的人不会超过 6 个，你跟任何陌生人之间都可以通过亲友的亲友、朋友的朋友等建立联系，并且这中间只要通过最多 6 个朋友或熟人就能达到目的。

所以，在你接触到一个新的圈层后，就可以利用“六度分隔”理论介绍你的朋友给身边的人认识，搭建起资源互换的平台。在这个过程中，你也会收获更多优于自身的资源，接触到更多比自己优秀的人。

有句话说：优秀吸引优秀，成功吸引成功。当一个人变得越来越优秀，在某方面越来越成功之后，他就会更容易地建立更广泛的人脉关系。比如，樊登最初就是通过推销讲书的 PPT 与他人建立连接，然后通过发邮件的方式维系这种连接，之后再通过朋友、熟人慢慢向外连接……正是通过这种方式，他成功地突破自己原来的圈层，不但使自己讲书产生的影响力越来越大，外界连接的圈层越来越多，他获得的成功机会也越来越多。直到现在，在讲书方面，樊登已经成为一个超级连接者。这就是善于突破圈层、善于向上社交的一个典型实例。

第二章

跳出圈子，努力结交比自己厉害的人

走出社交舒适区，接近想成为的人

在社交过程中，是与熟悉的人打交道容易，还是和陌生人打交道容易？

大多数人认为，肯定是跟熟悉的人打交道更容易。因为和熟人、好友之间彼此了解，三观一致，兴趣相投，与他们打交道不会有压力，能够掌控，我们会一直处于社交舒适区，感到安心和愉快。但是，长期这样下去，我们的社交就会受到限制，自己也会被困在一个故步自封的区域中，思想停滞，认知陈旧。而且如果一个人的社交圈几十年都不变，不仅生活会变得非常单调，做事还会缺乏助力，事业上也很难有所成就。所以，想要成为更好的自己，我们就必须走出自己的社交舒适区，学会和敢于结识更多陌生人，不断迭代自己的社交圈，努力去接近自己想要成为的人。

美国社会学家、斯坦福大学教授马克 · 格兰诺维特曾提出著名的强弱关系理论，他指出：每个人联系和接触最多的往往是他的亲人、朋友、同事、同学等，这是一种很稳定但传播范围有限、共享信息有限的强关系；在强关系之外，还有一种更为广泛的社会联系，就是弱关系，简单理解，就是“朋友的朋友的朋友……”以及和陌生人的关系。

强关系虽然看起来很稳固，但人脉价值非常有限，对连接新世界的帮助很小。弱关系虽然不如强关系稳固，但可以将不同的社交圈子连接起来，为我们提供从强关系中得不到但很有用的信息，而这些信息对于我们的工作和生活来说都非常重要，这也是“富人都爱混圈子”的精髓。

马克·格兰诺维特还曾带领团队从事长时间的调查，结果发现，在就业中，大部分人都不像我们想象的那样，利用熟人关系来解决就业问题，只有16.7%的人是依靠熟人关系找到满意的工作的，而超过50%的人都是依靠陌生人或圈外人的帮忙实现就业的。不仅如此，很多创业者和经商人士也证实了这一点：在遇到困难或需要帮助的时候，大多数情况下都是依靠弱关系得以解决的。

这些现象都表明：想要获得更好的发展，我们就必须主动走出自己的舒适圈，去接触更多圈外的人，结交更多舒适区之外的人脉圈。

然而，很多人却不愿意走出自己的舒适区。从心理学角度来分析，这是一种惰性，当人们身处一个舒适的环境中时，就不想再提升自己、完善自己了，因为在舒适区中，他们现有的资源、人脉和能力等都足以应付各种情况。比如在朋友面前，他们可以随心所欲地说话，可以和朋友开玩笑，可以利用感情攻势要求对方给自己提供帮助，从而轻易地获得一些资源。对他们来说，无论是维持彼此间的关系，还是获得帮助，都不需要花费太大的力气，也不需要消耗太多的成本。但是，这种轻而易举获得的东西也阻碍了人们深入交流的能力。一旦换一种环境，或者换一个交往对象，他们就会不知所措，对新环境、新的社交对象产生恐惧、逃避的心理。久而久之，他们就会陷入一种封闭状态，其视野、认知、思维层次等都会受到限制。

如果你想要提升自己的社交能力，结识更多优秀的人，就必须尽快做出改变，走出现在的社交舒适区。当然，要从低层次的圈层走向高层次的圈层，我们肯定会出现很多不适应的现象，这种不适应往往体现为担心自己无法融入更高层次的人脉圈，担心自己的言行会被别人指责，担心自己会被别人拒绝，担心自己被人踢出圈子，担心自己无法应对的社交活动中出现各种问题……事实上，向上社交本身就存在很多障碍，这些障碍在其他社交中同样存在，只不过它们在向上社交的场景中会被放大。不过，这些不应该成为我们逃避的理由。开口很难，行动很难，因为不熟悉，因为陌生，因为不认识……我们总能为自己狭窄的社交圈找出诸多借口。但是，如果不走出去，不主动开口说话，不去参与圈子，不去自我营销，那些我们羡慕的、想接近的、想成为的人，又怎么可能注意到我们？我们又怎么可能找到上升的渠道呢？

人都是从陌生到熟悉，也都是从互不相识到互为圈子的。我们必须“逼”自己一下，先从思想上做出改变，再从行动上做出改变。

具体来说，我们可以通过下面的三种方法让自己走出社交舒适区。

一、直面自己遇到的问题

通常来说，走出舒适区的关键在于直面自己遇到的问题。博恩·崔西在《吃掉那只青蛙》一书中提到了一个有趣的观点：如果你每天醒来做的第一件事是吃掉一只活青蛙，就会欣喜地发现，在这一天接下来的时间里，将没有什么比这个更糟糕的事情了。

社交也是如此。如果某一天，我们需要面对陌生人，需要面对一个自己不想接触但又必须去接触的人，那么最有效的方法就是迎难而上，主动去接触对方，而不是选择逃避。

京东创始人刘强东出生在江苏宿迁的一个贫困的农村家庭，不仅经济条件不好，说话还带有浓重的当地口音，这无疑对他的社交造成了一定的障碍。但是，刘强东主动面对自己的问题，大胆地走出农村，只为了能见一见更大的世界，接触到更多优秀的人。而事实也表明，刘强东突破了自己，收获了成功。

二、请朋友帮忙引荐

在结识新朋友、进入新的人脉圈时，也可以请朋友帮忙引荐，这样可以避免自己陷入孤立无援的处境中。而且有了朋友的引荐，我们在社交活动中也会更有信心和方向，并能更快地融入新的社交圈当中。

当然，朋友只是起到牵线搭桥的作用，关键还在于我们自己的努力。为了能顺利地融入新的社交圈中，改变自己以前的社交习惯，我们一开始可以请朋友在场适当协调和帮助，随着与对方的逐渐熟悉和自己信心的提升，我们就能尝试与新朋友直接接触和交流，不断锻炼自己的勇气和能力。

三、要求自己每周必须接触几个陌生对象

如果我们每周都能接触到新的、陌生的社交对象，并且要求自己达到一定的社交成功率，对我们跳出圈子、走出自己的社交舒适区也很有帮助。所谓的社交成功率，就是要求自己在每接触两到三个社交对象中，至少有一个可以与自己建立起稳定的关系，或者实现与自己比较频繁的交流。这种方式往往可以给自己一定的压力，促使我们努力做出改变，不断提升自己的社交能力。

不论哪种方法，其目的都是让自己慢慢走出社交舒适区，去迎接各种新的挑战，解决各种现实中出现的问题。事实上，对于向上社交的人而言，最重要的就是主动去尝试，主动去打造优质的弱关系，让自己结识到更多优秀的、厉害的人。《权力的游戏》中有一句台词说得很好："这个世界如此辽阔和美丽，大多数人却瑟缩在同一个角落里从不挪窝。"如果我们能够勇敢地走出温暖的舒适区，就一定可以看到更加辽阔和美丽的世界，也可以实现人

生的更多可能，成为更加丰盈的自己，成为任何我们想要成为的人。

■ 保持自信，遇事不卑不亢

很多人在进行向上社交时，总是不自觉地感到自卑，感到自己比别人矮半头，因此说话也是唯唯诺诺，不够自信，做事也完全不像平时那样自然。

之所以如此，一方面是因为太在乎对方身上的社会标签，比如，对方是自己的领导，是孩子学校的校长，是企业的老总，是自己的顶头上司，等等。面对这些人，自己总感觉底气不够足。而事实上，这些标签都是社会赋予他们的，是为了让其实现相应的社会价值。如果你一味地关注这些标签，总觉得自己在社会地位上低人一等，给自己设限，就会导致自己在与他们打交道时不够自信。

另一方面则是担心自己会出丑，被人嘲笑。尤其在与比自己强的人交往时，总是担心自己因说的话不合适，或者事情做得不到位，暴露出自己的某些缺点和不足，让对方更加看低自己。这其实是过分在乎自己在别人心中的样子，把自己看得太重了。

实际上，向上社交的重心在于“优秀”。结识优秀的人，获取优秀的资源，提升自我，让自己变得更优秀，这才是向上社交的真正目的。但是，既然是社交，那就一定是双向互动，既可以是你主动向优秀的一方靠拢，也可以是优秀的一方主动向你靠拢。所以在与人交往过程中，你完全没必要过于看低自己、看高对方，甚至带着“跪舔”的姿态跟对方交往，这反而更容易引起对方的反感，认为你没有价值，不把你放在眼里。

不论在任何时候，自信都是向上社交所必需的基本心理素质。即使你面对的是能力、地位都比你高的人，也要带着自信满满的姿态与对方交往，这样才更容易获得对方对你的尊重和好感。

有的人可能会说：你说得容易，我做起来却很难啊！我要怎样才能克服自己不够自信的心理，做到与对方交往时不卑不亢呢？

一、进行心理热身

有研究表明，与陌生人进行短暂的互动可以让人更加快乐，更加善于社交。所以克服社交不自信的一个有效方法，就是每天随机选择一位陌生人，与其进行短暂的互动和交流。不要害怕和尴尬，有时陌生人的友好可能超乎你的想象，也会不断增加你的自信心。

经过这样的“心理热身”，你再进行向上社交时，就可以拿出自己跟陌生人交往互动的心态和方法，热情、自然地与对方交流。

二、进行生理热身

与人交往时，免不了要说话交谈，这时口齿不清、唯唯诺诺就是大忌，立刻让你的印象分大打折扣。

想要练就清晰、自然的表达能力，平时可以找一些文字自己对着镜子朗读，朗读时要注意自己的表情、语气、声音、声速等。你的声音越有表现力，就越能表达自己的情绪和状态，别人听起来也越能感受到你的自信。

三、准备好交谈简历

与大佬交谈，开场白是不能太随便的。在尊重对方前提下，一定要提前设计好自己的开场白与谈话基调，准备一个精练的自我介绍，既要展现出自己的潜力和价值，还要充分表达出自己的真诚与尊重。

一般来说，交谈的开场白可以是“日常生活 + 个人情况 + 价值体现 + 近期安排”这样的模式。

比如，在“日常生活”一项中，对方的问题可以是：

“你最近的工作怎么样？有什么成绩吗？”

“你这周怎么样？项目完成得如何？”

“家里人怎么样？有什么变动吗？”

……

在“个人情况”中，可能包含下面几个问题：

“你来自哪里？在哪里上的学？”

“你都参加过哪些活动？取得过什么样的成绩？”

“你有什么兴趣爱好？有什么特长？”

……

在“价值体现”方面，可能包含下面几个问题：

“你认为自己最独特的人生经历是什么？”

“你个人最大的五个成就是什么？”

“你个人的特长都有什么？你认为自己在这些方面比其他人做得更好吗？”

……

在“近期安排”方面，可能包含下面几个问题：

“你对近期××事件有哪些看法？”

“你这个月都遇到了哪些有趣的事，能简单概括一下吗？”

“这个月你在工作方面有哪些突出表现，能简单叙述一下吗？”

……

做好以上这几项交谈准备，并且随时根据情况更新，但一定要注意回答的分寸，还要做到简明扼要，切忌长篇大论或过度吹捧自己。

四、准备好有趣的故事

陌生人社交，大家都会不约而同地喜欢有趣的人，优秀的人也不例外。

但是，做个有趣的人并不容易，不仅需要有丰富的学识和内涵支撑，还需要有让人舒服的表达方式，以及察言观色和随机应变的能力。

为了让初次见面的交谈言之有物，吸引对方的注意力，你平时可以积累一些有趣的小故事，并且这些故事要与你社交的目标有关，或者能与你的观点产生关联和共鸣，引起对方的关注。

在讲故事时要注意，故事不要讲得太长、太复杂，一般只讲一个情节就够了，但要明确一个观点，或者引起一种情绪共鸣。讲得太长、太复杂容易让对方失去耐心，也会让对方觉得你过于自我，不懂得考虑别人的感受。

不论是向对方介绍自己的情况，还是讲故事，都一定要保持真诚的态度，并敢于正视对方，让对方感受到你的真诚与可信赖。一个人的眼神可以透露出很多信息，如果你不敢正视对方，说话畏畏缩缩，对方就会怀疑你的诚意，甚至怀疑你的人品。反之，如果你敢正视对方，就可以显示出你对他是无所畏惧的，哪怕他是大佬，哪怕他比你厉害、比你优秀。这种自信的姿态，才是你最终获胜的法宝。

幽默沟通，零距离致胜的法宝

向上社交难度最大的问题不是如何开口跟优秀的人说话，也不是如何吸引更多优秀的人关注自己，而是如何打破对方的防备之心。每个人都具有自我保护机制，在面对陌生人时，也都会保持一定的戒备之心。尤其在涉及隐私话题时，他们更会保持强大的戒备心理，在交谈时更加谨慎、小心，不愿意与对方走得太近、聊得太深。如果你想让他人与自己进行深度交流，尤其是让那些优秀的人愿意与你沟通，就要率先让对方放下戒备之心，与你保持更加放松的沟通姿态。

如何才能达到这个目标呢？一个最简单的做法就是幽默。

幽默的人天生就具备强大的吸引力，因而也更容易赢得他人的关注，更容易获得他人的支持。在西方国家，幽默甚至常常被当成社交的一项基本技能。说话幽默的人，平时更容易受到欢迎。一些企业在选择管理者和接班人时，甚至还会把幽默当成必须考量的因素之一。

在社交场合，适当的幽默可以让气氛更加轻松，让交谈更加愉快，而且还可以体现一个人的应变能力。比如在与人交谈过程中忽然出现了冷场，或者遇到一些很尴尬的问题，就可以用几句轻松幽默的语言化解。

有这样一个案例：一个英国公司的负责人与一个中国公司的负责人准备代表各自的公司进行谈判。在谈判开始前，中国公司的负责人为了拉近与英国公司负责人的距离，就直接跟对方聊起了天气，结果两人不知不觉中聊了半个多小时。意识到两人花费的时间有点儿多，英国公司负责人率先停止了谈话，并且故作惊讶地说："啊，真希望我们一会儿的谈判不需要耗费这么长的时间。"中国公司的负责人也笑着回应道："幸运的是，我们一会儿谈判的话题不会是天气。"

由于有了这段愉快而幽默的交谈，双方很快进入谈判主题，仅仅花了一个小时的时间就达成了协议。

从人际交往的角度来说，幽默容易使人发笑、让人开心，而笑和开心是活跃气氛的重要前提。在一个社交环境中，经常出现笑声，往往有助于让人放下心理防备，改善双方沟通的氛围，给人带来温馨、愉快的感受，这种感受无疑有助于社交的不断深入。

懂得用幽默化解尴尬、活跃气氛固然很好，但在使用幽默时，也要注意避免落入误区。尤其在跟一些大佬交谈时，不恰当的幽默沟通可能会令人觉得轻浮，产生负面效应。因此，利用幽默沟通也要把握好尺度，这样才能充分展现自己的魅力，让对方看到一个不一样的自己。

一、幽默忌缺乏尺度

在社交场合，幽默的目的通常有两个：一个是活跃气氛，把听者逗乐，以便自己能够在轻松的气氛中与对方联络感情，建立连接；另一个是展现自己的才华。

但是，如果你的幽默缺乏尺度，比如说一些低俗的玩笑，或者拿一些恶俗、不雅的语言当幽默，就会有哗众取宠之嫌，引起对方的反感，让对方认为你是个低俗的人，不值得结交。

二、幽默要注意场合和对象

幽默一旦用错了场合或用错了对象，不但起不到期望中的作用，还可能让人听了生厌。尤其是在一些商务场合中，我们更要认真对待，否则随意说出一些自以为能缓解气氛的小幽默，反而会让对方觉得我们不认真。如果更严重的话，我们甚至可能因此而失去向上社交的机会，或者失去非常重要的合作伙伴。

比如，在一个会议室里，两家公司的代表正在为双方合作的项目紧张地讨论着。当讨论进行到一个重要阶段时，双方代表产生了争论。这时，一方代表的秘书忽然插话道：“如果我们的脸都长时间地僵硬着，我们就都成了名副其实的‘扑克脸’了呢！为了大家的形象，我们现在来放松一下吧！”

秘书的话说完后，现场静默了几秒钟，然后所有人都用非常奇怪的眼神看着他。秘书一方的代表更是狠狠地瞪了他一眼。

借助幽默来缓和紧张的气氛本是无可厚非的一件事，但这位秘书却选择在了错误的场合和时间，也用错了对象。他不合时宜的幽默不仅让自己看上去很滑稽，还让他的上司觉得他对待会议不够认真，结果可想而知，他的职业生涯一定会因此而受到不好的影响。

三、幽默不要急于求成

古语说：“妙在水到渠成，天机自露，我本无心说笑话，谁知笑话逼人来。”大概意思是说，好笑之处并不是刻意使人发笑，而是话赶话地自然让人想笑。

幽默也是如此，只有在充分铺垫之后，或者在最恰当的时间表达出来之后才更有效果。如果急于求成，想快点儿把自己腹中的妙语展现出来，不顾别人的话语，或者不顾当前的话题，最终说出来后也可能适得其反，不但起不到幽默的作用，反而让人感觉很尴尬。

由以上分析可以看出，幽默虽然可以增进人际关系，但过度的幽默风趣或不合时宜的幽默反而会带来负面效果，只有适当的才是最合适的。任何事物都讲究平衡，言语也是一样，过激或过缓都会破坏交谈的气氛，使气氛不和谐。而且幽默只是缓和沟通气氛的一种手段，达到目的即可，不可一味地使用幽默。尤其在一些严肃的商业会议场合，或者是跟很重要的人沟通很严肃的事情时，你可以用幽默适当缓解一下紧张的氛围，但如果一直使用幽默来活跃严肃的氛围，那就如同一条干净的池塘里没有鱼，你放一条进去觉得不够，又放了无数条一样，最终结果都是令人难堪且失望。

保持热情，吸引对方的关注

在社交活动中，哪种情况最容易让人丧失进一步交往的兴趣？

很多人认为是利益因素，如果一个人的利益得不到满足，双方自然就难以产生互动和吸引力。但是，利益需求得不到满足只是阻碍社交的因素之一，最直接的原因其实是态度冷淡，缺乏热情。

在社交关系当中，热情、真诚的态度是建立向上社交不可或缺的一环。无论在工作场合还是社交聚会上，展现出积极、阳光、热忱的一面，主动与他人交流，微笑待人，用热情的语言表达自己的想法和观点，都能够快速吸引对方的关注，并让对方感受到你的真诚和友好，从而化解彼此间的陌生感，拉近与对方的距离，为进一步沟通和交往打下坚实的基础。

宋代诗人王安石有首诗说：“纵言及平生，相视开笑靥。”待人热情、真诚，给人一种亲切、平易近人的感觉，别人就愿意跟你接近和交谈。

作家余华和歌手李健之间的“神仙友谊”就证明了这一点。

余华曾经在一次节目中说：李健做事总能给人回应，让人觉得心安。有一次，余华的儿子给李健推荐了一首自己很喜欢的歌，李健听完后，很快就反馈给他说：这首歌很好。余华的儿子发现有一款钢笔书写很流畅，也推荐给李健，后来李健还表示，自己“有十首歌都是用那支钢笔写的”。余华评价李健说：“不管你给他推荐什么东西，下次见面他肯定会看完、听完，然后我们一起讨论。”

这也说明，任何一段关系的建立，有热情就会有回响。如果某一天，你付出的热情和真诚对方没有回应，那么你们的关系可能就要止步于此了。

热情是什么？是耐心、周到、细致的态度，是让对方感受到关心与温暖，感受到自己获得了对方的尊重和认同。人们在评价营销专家博恩·崔西时曾提到了这样一个观点：他总是热情洋溢地同每个人说话，总是表现得很乐观而活泼，看起来对这些谈话非常重视，同时也让每一个人都觉得自己受到了尊重。

当然，情绪感染只是社交中的一个因素，当你在社交中投入更多的热情时，你还会在自己的言谈举止中释放出积极的信号，表现出“我很快乐”“我很期待”“我很幸运”的态度，而这无疑会传染给社交对象，让对方也产生跟你交往的愿望和深入交谈的想法。

热情就是社交的一个催化剂。在向上交往中，我们同样可以表现出足够的热情，这不但能帮助我们树立更好的个人形象，还能更好地挖掘相关信息，影响他人对自己的态度和看法，确保沟通变得更加顺畅。

大作家福楼拜有一次到巴黎的一所大学演讲时，被一个衣着朴素的学生提出请吃一碗面的要求。看到学生眼中闪烁着真诚的目光，福楼拜被打动了，于是答应了学生的请求。后来，福楼拜还让这名学生拜在自己门下，做了自己的学生。最终，这个学生也成为享誉世界的文学大师，他就是莫泊桑。

可见，主动、真诚和热情的态度永远都是做好一件事的基础。吸引力法则也指出，当你表现出足够真诚强烈的愿望，想要完成一个目标时，你身边那些意想不到的资源也会愿意尽可能地帮到你。所谓君子有成人之美，就是这个意思。

在向上社交过程中，热情固然可以吸引对方的关注，但也要把握好尺度，否则不但得不到自己想要的结果，还可能引人反感。

一、过度热情会让人觉得廉价

一段稳固的关系想要一直走下去，就必须掌控好热情的“度”。《人间失格》中有这样一句话：“无论对谁太过热情，都会增加不被珍惜的概率。”因为过于热情，见谁都“自来熟”，即便你是真心关心对方，你的关心、示好在对方眼里也会变得不再弥足珍贵，对方更不会因此而珍惜你。

尤其在初次接触时，你对对方过分热情，反而让人感觉不自在，甚至觉得你就是有所图。换位思考一下，如果一个初次见面的人对你表现得过于热情：热情地问候你、夸赞你，甚至过于关心你的私人生活，你还会对对方有好感，愿意继续与对方交往吗？

最高级的社交是热情有度，特别在向上社交时更要如此，否则对方很可能会怀疑你的动机，甚至对你有所警惕。亚里士多德曾说："只有在适当的时候，对适当的事物，对适当的人，在适当的环境下，以适当的方式发生的感情，才是适度的、最好的感情。"这种恰到好处的热情，才是维持长久关系的催化剂。

二、热情的表现应体现在整个社交过程中

有些人初次与别人见面时会表现得很热情，之后就销声匿迹了，再见面时又会表现得很热情……这就容易引起对方的反感，觉得你是个逢场作戏的人。

社交中的热情应该体现在整个交往的过程当中。人们与任何人交往的过程都不会是一直平顺的，其间可能会遇到一些变故，比如对方遇到了一些困难，或者出现了焦虑、不安的情绪等，这时，我们依然要友好地关怀对方，安抚对方的情绪，这会让对方感觉你是很在乎他的，之后才会更加信任你、看重你。

总而言之，我们在社交活动中应巧妙地展示出自己的态度：对社交对象或社交主题感兴趣。在这个前提下，我们才可能吸引到更多人的关注，有机会展现自己的魅力和才能，获得更多、更优秀的社交资源。

认清形势，接近拥有话语权的人

为了提高社交的质量，跳出自己的圈层，很多人会刻意选择

那些高端人士进行交往，或者尝试进入一些层次更高的社交圈。比如，现在很多人会想方设法地加入一些企业家联盟之类的俱乐部，或者是某个企业家协会，这些组织通常都是结识高端人士和优秀朋友的平台。通过这些平台，人们可以结识到更多高端、优秀的人，获得更多的人脉资源。

但要注意的是，想要成功实现向上社交，在结识优秀人士、打造优质人脉圈的时候，最好能重点把握群体或团队中的核心人物。一般来说，在一个群体或团队之中，并不是所有人都适合交往，也没必要把所有人都列为社交对象，只要注意把握那些核心人物即可。他们往往是群体或团队当中的掌权者，是最具有话语权的人，在群体或团队中掌握着最重要的资源，也拥有最大的影响力。能够结交到这样的核心人物，就相当于你找到了一个枢纽中心一样，不但可以通过他们获得最好的资源，还能通过对方获得更为广泛的人际资源和优质信息。这些核心人物就是一个个关键点，疏通了这些点，你就能将自己的人脉关系拓展成为一个面，并让自己获得更多的优质资源和成功机会。

香港“景泰蓝”大王陈玉书先生在创业初期，经历了很多困难和挫折，生意迟迟不见起色。在这种情况下，他甚至萌生了接受失败的心理。

有一次，陈玉书又失业了，因为心情烦躁，他就到附近的公园里去散步。走累了，他就坐在椅子上休息。

这时，陈玉书看到一位妇女正带着一个小朋友荡秋千，妇女推了半天，秋千也没有荡起来。陈玉书就上前帮忙推了几下，秋千荡了起来。

出于礼貌，妇女跟陈玉书闲聊了一会儿，得知陈玉书原来是福建人，出生在印度尼西亚，很开心。原来这位妇女是印尼华裔，她的丈夫在印尼驻香港领事馆工作。

不久后，陈玉书又遇到另一位印尼华侨朋友，这个人刚好有一批准备运往印尼的货物，因领事馆的商业签证问题遇到麻烦，迟迟不能运走，很是着急。陈玉书忽然想到，自己在公园里结识的那位女士的丈夫不就是在领事馆工作吗？也许她能帮上忙呢！

于是，陈玉书带着礼物去拜访那位女士，想问问女士的丈夫能否帮忙，没想到对方很快就把帮他商业签证办妥了。朋友很感激陈玉书的帮忙，就给了他 5 万块钱表示感谢。在 20 世纪 70 年代，这可是一笔大钱。依靠这笔钱，陈玉书的人生航向也发生了改变，他开始涉足商海，生意也越做越好。

陈玉书的经历说明，在向上社交过程中，要懂得主动接触那些真心的、拥有话语权的人物，他们才是真正能给自己提供帮助的人。

一、懂得尊重对方

跟一些团队核心人物，或者是有话语权的人物结交时，首先要把握好双方之间的关系，根据对方的身份和地位给予他相应的尊重和定位。

通常来说，有身份、有地位的人都很享受自己身份和地位所带来的荣耀感，这一点很适用。如果你在对方面前的言谈举止很有分寸，并且对对方尊重有加，时而还表现出自己对对方的仰慕之情，那么对方对你也会产生很好的印象，不但不觉得你谄媚，还会觉得你是一个在社交中很懂得分寸的人。

二、不要刻意奉承和巴结

对于某个团队的核心人物，或者是在某些方面颇有话语权的人，你可以表现出对对方的尊重。但尊重也是有原则的，就是不要表现出刻意的奉承和巴结。否则，对方就会认为你是在阿谀献媚、别有所图，表面看是尊重他这个人，其实是想利用他的权势和地位。一旦对方对你产生了这样的印象，就会对你反感，不会再跟你进行任何深入的交谈，更不会与你结交。

与这类人结交时，你可以表现出一定的尊重和敬仰，但态度要真诚、自然、不卑不亢；对对方赞扬时，也要是发自内心的，而不是阿谀奉承、极尽谄媚，这样才能给对方留下好印象，为进一步的交往奠定基础。

三、不要急功近利

许多人一看到某个人很厉害，在某方面很有话语权，就想马上跟对方成为朋友，让对方给自己介绍资源，或者帮助自己解决一下人生难题。

殊不知，操之过急是很令人反感的，而一旦对方对你产生反感，你们之间的这份关系也就到此为止了。

即使你真的想要让对方给自己介绍资源，或者在某方面给予自己帮助，也要循序渐进。比如，你可以先将自己的问题梳理一番，然后在适当的时候，再向对方请教一两个具体的问题，而不是泛泛的问题。这样，对方才便于给你提出建议。

同时，你不要立刻请对方给自己资源。试想一下，如果你刚刚认识一个人，对方马上就跟你要资源，你会不会觉得对方太急功近利，甚至不可思议了？

在任何社交活动中，都要考虑到对方的感受，何况是要结识比自己优秀、比自己更有话语权的人。我们时刻要记得，向上结交从来不是溜须、拍马屁，而是能够认清形势，用恰当的方式去接近那些核心人物，或者是在某些方面拥有话语权的人物。真正用心经营好人脉，实现向上社交，靠的是高情商、会说话、懂经营、善用心。

慧眼识珠，挖掘身边的潜力股

在日常生活和工作中，我们总是希望能认识更多优秀的人，接触更多优秀的圈层，以此获得有助于自己发展的资源。但实际上，要判断一个人是不是优秀，我们往往习惯通过一个人的名声、财富和社会地位来判断，认为名声越好、财富越多、社会地位越高的人越值得结交，也越能够带领自己进入更高的圈层。

从一定意义上来说，一个人是不是足够优秀，是不是能够接触到优秀的圈层，并不完全由他们的名声、财富或社会地位来决定。一些原本很优秀、很有能力的人，也许只是暂时没有获得更好的发展机会，或者能利用的资源不够多，所以尚未发挥出他们的能力。一旦获得好机会、好资源，他们便可以迸发出非常惊人的发展潜质，成为未来社会上的精英人物。如果我们能够慧眼识珠，识别出身边的这些潜力股，未来他们就可能成为我们在社会交往过程中非常优质的人脉资源。

想要向上社交，我们就不能忽略这部分所谓的潜力股。新精英生涯创始人古典说："投资人脉的最优方式就是在要去的方向，提前帮助你未来的贵人。"这些潜力股就是我们未来的贵人。相比于那些已经很厉害、身处较高圈层的人士来说，与潜力股建立连接会更容易，也更有优势。因为很多潜力股虽然自身优秀，未来也可能拥有很大的发展空间，但他们当下的财富并不多，社会地位也不高。这时与之交往，给予对方一定的肯定和认同，很容易获得对方的信任。如果能够给予他们一定的帮助，将来他们成功后，也一定会给予我们巨大的回报。

现在说起小米，我们马上就会想到小米的创始人雷军。大四的时候，雷军与几个同学创立了三色公司，以软件开发等为主要业务，但公司仅仅维持了半年。

大学毕业后，雷军听从父母建议，进入了北京一家研究所从事科研工作。但这份工作并不是雷军所期望的，他更喜欢软件开发工作，所以即使用上了"铁饭碗"，他仍然利用业余时间开发软件。

在一次计算机展览会上，雷军有幸结识了被称为"中国第一程序员”的金山软件总经理求伯君。求伯君 20 岁就从国防科技大学毕业，后来花了一年时间开发了一款中文文字处理软件，填补了我国的空白。求伯君早就听说了雷军的才华，这次见面让他欣喜不已。在一番交谈后，求伯君邀请雷军加入自己的公司，共同开发软件。仅仅考虑了一天，雷军就决定加入求伯君的团队，成为金山软件的一员。

在金山软件，雷军充分发挥自己的才华，不仅扩大了软件开发团队，还开发出了各种小而精的软件。28 岁时，雷军被任命为金山软件公司总经理。

此后，雷军的发展越来越好，2010 年，他与几位朋友一起创立了小米公司，其名声、财富、地位早已不同往日。而且，雷军的发展和成就也证实了当年求伯君的赏识和判断是完全正确的。雷军获得成功后，也没有忘记求伯君当年对自己的赏识，多年来一直与求伯君保持着很好的朋友关系。

说到这里，很多人可能感到困惑：我们要怎样判断身边的人是不是潜力股呢？潜力股都有哪些具体的表现？

判断潜力股通常没有什么固定的标准，只能通过强大的观察力来进行判断。一般来说，真正的潜力股身上具备一些共同的特质。

一、自信

普通人中能对自己保持充分自信的人很少，大部分人都或多或少地有些自卑，具体表现就是喜欢跟在别人后面跑，自己不敢拿主意，也不敢决定未来做什么，觉得跟在大家后面最保险。

相反，有些人即使出身普通家庭，即使现在工作一般，也有着一种与圈层不匹配的自信，始终相信自己不会一直过着平凡的日子，对自己有明确的目标与安排。有些时候，他们甚至会表现出一种偏执的自信。但正是这种偏执，才让他们更容易被伯乐发现，也更容易走上成功之路。

二、有责任感

属于潜力股的人，通常会在某些方面表现出惊人的能量，而在其他方面有可能表现得很平庸。并且只有在面对自己感兴趣或擅长的事情时，他们才会投入大量的时间和精力，尽职尽责地去完成。这也是他们日后获得成功的保障。

三、好胜心强

好胜心强的人通常喜欢挑战高难度的任务，喜欢与强敌过招。即使没有外在动力，也能发挥自身潜能，认识并突破自己的能力圈，并可以用精干的方式完成挑战性的工作。在这个过程中，就算是失败了，他们也会继续调整方案进行尝试，不会轻易放弃。这样的人，才有欲望和动力去追求事业的成功，享受挑战的乐趣。

相反，缺乏好胜心的人，不喜欢挑战和冲突，遇到问题第一反应就是忍气吞声，或者大事化小、小事化了。这样的人是很难做出什么成就的。

当然，一部分成功人士在功成名就之后，可能会淡泊名利，这就是另外一回事了。

四、不浮躁，有定性

不浮躁、有定性的人拥有更清晰的自我定位，不论做什么，都能沉下心专注地做，不会轻易放弃自己的目标，也不会轻易受到外在因素的干扰。不仅如此，他们还很有自己的想法，做事不会手忙脚乱。这种人心智比较成熟，内心会给自己制定一个非常切合实际的目标，然后朝着这个方向默默努力。你与这类人交往，永远都感受不到他们的焦虑。这就是做事非常靠谱的一种人。

五、能掌控情绪

一个管理不好自己情绪的人，也很难管理好自己的人生。我们常说冲动是魔鬼，这句话其实是说，当一个人在愤怒的状态时，智商几乎为零，这时也很容易做出愚蠢的、不理性的决定。任何一个团队的成员，都喜欢追随情绪稳定的领导，而不是一个管理不好情绪、有些神经质的领导。

六、出色的个人能力

潜力股都是具有一定能力和优势的人，比如具有超强的洞察力、冷静分析解决问题的能力、能够透过现象看到本质的能力等，只不过这些能力和优势还没有被完全放大而已。一旦获得机会，这些优势和能力就会表现出强大的力量，使得他们进步的速度异于常人。

乔布斯曾经说过：成功没有捷径。你必须把卓越转变为你身上的一个特质，最大限度地发挥你的天赋、才能、技巧，把其他所有人甩在身后。对于潜力股来说，这就是他们的人生信条，也是他们未来能够成功的动力。

所以，在向上社交过程中，如果你能慧眼识珠，发现身边的潜力股，一定要努力结交他们，与他们建立稳定的社会关系。必要的时候，甚至可以为他们提供一些力所能及的帮助。这样，未来这些人有了成就之后，才有可能带你进入他们的人脉圈，引领你结识更多优秀的人，帮你获得更多向上发展的好机会。

五种方法，教你进入对方朋友圈

美国最杰出的商业哲学家、成功学之父吉米·罗恩曾说：“你是你最常接触的五个人的平均值。”这也是吉米·罗恩提出的“密友五次元理论”，意思是说，一个人的财富和智慧基本是五个与之亲密交往朋友的平均值。这也决定了你所处的社交层次，你能够结交优秀的人，就等于在塑造自己；你和谁成为朋友，拥有什么样的人脉圈，也决定了你后半生的成败得失。

2019 年 7 月，西北大学长安校区爆出了一个“学霸宿舍”，宿舍中的六个人分别考研或保研至中国科学院大学等五所高校。而她们之所以能取得这样的成绩，最初来自其中的一个很厉害的室友。这个女孩特别勤奋，并且对学习很有规划，每项学习任务都安排得很科学，并严格执行。其他室友一开始很羡慕，后来便跟着学习。于是大家纷纷发挥各自优势，你追我赶，相互鼓励，共同进步。其中有一位室友开始时对未来并没有什么规划，但是在其他几个室友的鼓励和帮助下，也终于找到自己的目标，业余时间开始学习电子电路设计，最终还拿到了省级大赛的二等奖。

这个案例就很好地说明，当你的身边都是优秀的人时，你的言谈举止都会在不知不觉中被对方影响，自身也会做出无意识的模仿行为。所以，一个优秀的朋友，不仅可以让你知道什么是优秀，还能在很大程度上激发你的潜能，让自己变得更加优秀。

有一个说法特别好，说我们的社会就是一个圆锥，不同的人处于圆锥上面不同的高度，但每个人都努力地在向圆锥的高点上爬。越是底层的人，所处平面圆的半径越大；越是高层的人，所处平面圆的半径越小。这也意味着，越是高层的人，接触到同一水平、不同领域的人之间的距离就更短，也越容易接近；而越是底层的人，想要接触其他领域的人也越难。

比如说，一个企业的普通职员想要接触到银行领导很难，而一个企业的 CEO 跟银行行长谈合作，就是件很容易的事，

等你的层次到了马云、刘强东、史玉柱的高度，这一点就更明显了。即使是和他们完全不在一个领域里的知名人物，他们也能很轻松地接触到。因为他们已经是站在金字塔尖上的人了，与他们同处塔尖的人，无论哪个领域，对于他们来说都是触手可及的距离。

虽然我们可能很难达到以上这些人的层级，但我们同样要努力跨越自己的圈层，接触更多比自己厉害、比自己优秀的人，进入他们的朋友圈当中。这样，我们才有可能短距离地接触不同领域

的佼佼者，让自己变得更加优秀。

以下五种方法运用得当，就可以帮助你顺利地进入优秀的人的朋友圈，并融入其中，成为他们中的一员。

一、打造独特的个人魅力

想要融入一个优秀的朋友圈，你就要让自己与普通大众有所不同，这样你才能从人群中突显出来，这是你能够进入一个优秀朋友圈的最佳途径。所以，在保证自己真诚自信的同时，拥有一定的头衔、一些有趣的经历以及特殊的技能等，都可以为你打造独特的个人魅力。

比如，在某些社交圈中，当大部分人是医生、律师、金融顾问等，而你拥有米其林餐厅主厨、世界知名设计师、摩托车赛金牌获得者等头衔时，你在这群人当中就是个很特殊的存在。

当然，最终你能被某个社交圈接受，还取决于你能为这个社交圈带来什么样的价值。而拥有的特殊头衔、特殊技能等，便可以让你快速融入这个社交圈，成为其中的一员。

基于此，我们就要有持续学习不同知识的能力，学习一切目标社交圈需要而其他很多人都不具有的技能。记住，只有强者才会看得起强者。你自身能力够强，别人才会重视你；如果你自身缺乏能力，即使认识再多、再厉害的人也没用。

二、善于投其所好

社交中学会投其所好很重要。投其所好并不是给对方拍马屁或刻意讨好，而是懂得站在对方的角度看问题，知道对方喜欢什么、需要什么，自己也能够满足对方的喜好和需求，这样与对方互动，便可以很容易地加深彼此间的关系。

在电视剧《宰相刘罗锅》中，乾隆皇帝要过大寿，文武百官都来朝贺，还献上各种各样珍贵的礼物，唯有刘罗锅将一桶生姜赠送给乾隆皇帝。没想到这个简单的礼物让乾隆龙颜大悦，当即就赏给刘罗锅一件黄马褂。其实刘罗锅给皇帝献上一桶生姜也不是一时兴起，而是深谙投其所好的妙处。乾隆身为帝王，什么奇珍异宝没见过？所以，他渴望那些官员真正能体察他的苦心。而刘罗锅献上的一桶生姜，寓意就是希望乾隆皇帝能一桶（统）姜（江）山。乾隆收到这样的贺礼，怎么能不高兴呢？

这就是社交中投其所好的妙用。用好这种方法，你也有机会迅速进入对方的朋友圈当中。

三、做个资源联结者

人脉不是一根线，而是一张网，想要广聚人脉，就要善于“织网”，充分发挥自己的优势，利用牵线搭桥法，积极帮助别人连接各种资源。

这个方法考验的是一个人的社交能力，但如果你有这样的资源，不妨充分利用起来。比如，你可以利用节假日组织一些比较优秀的人聚在一起，互相分享资源，自己做一个“织网人”，让优秀的人彼此结交。这其实也相当于你在为别人提供价值，满足对方的需求，帮助更多人解决了人脉连接的问题，你的能力也会因此而获得更多人的赏识。

在社交过程中，你能为别人带来什么价值，就是你实现向上社交、进入优秀的人的朋友圈的重要切入点。

四、懂得感恩

在社交中，我们总会不可避免地得到别人的帮助。不论是获得了谁的帮助，都一定要懂得向对方传达自己的感谢之情。这份感谢可以是一个电话、一个信息，也可以是一份小礼物，虽然微不足道，却能让别人看到你的真诚与用心。人脉就像储蓄，当你在别人那里储蓄了足够的好感时，就相当于为自己储蓄了一份人脉。以后对方有什么好的机会，也会因为你的人品、你的真诚而想起你。人与人之间都是通过更多的接触来建立信任的，平时表现得真诚、友善、懂得感恩，也更容易赢得对方的信任和关注。

五、善于为别人着想

《别独自用餐》一书的作者基斯·法拉奇出身于贫穷家庭，少年时曾经给一个富裕的家庭做高尔夫球童。他在为女雇主服务时，简直可以用“无微不至”来形容，比如，他会提前到球场检查每个洞口位置的好坏，测试球滑动的速度。由于法拉奇细心的服务，他的女雇主赢得了多场比赛，法拉奇也因此获得了“年度最佳球童”称号。后来，他的女雇主总是不停地向别人推荐法拉奇，让法拉奇结识了很多优秀的人，也获得了很多自我发展的好机会。

在向上社交过程中，善于为别人着想，就是搭建优秀人脉的一种有效方法。

总之，要跳出自己的圈子，进入更优秀、更厉害的人脉圈，你就要掌握进入这些人脉圈的有效途径。当然，进入对方的人脉圈并不意味着你需要与人脉圈中的每个人都建立深度连接，你只需要选择那些最需要且最有价值的人进行交往和连接，经营好与对方的关系，就可以获得更好的资源和机会，这才是你向上社交的主要任务。

第三章

知己知彼，向上社交更有效

了解对方个人信息

在人际交往中，了解对方是一件很重要的事情。这可以帮助我们判断对方是不是比我们优秀、比我们厉害的人，以及在具体交往中我们要避免哪些不必要的误会。

当然，要做到这一点很不容易。严格来说，要真正了解一个人，获取关于这个人的个人信息，需要在长时间的相处过程中一点点来。每个人都像一个复杂的拼图一样，你需要极大的耐心和足够的觉察力，才有可能将这个拼图拼得尽可能完整一些。

但是，个人信息在社交活动中又是一个很重要的元素，我们获取对方的信息越充分，就越容易掌握社交的主动权，也越容易把社交推向更深的层次。因此，我们有必要充分地了解对方的个人信息，这些信息的获得有时需要通过明察暗访，有时还需要通过具体的社交活动来进行。

一般来说，一个擅长交往的人，一个擅长向上社交的人，往往都具有很强的观察能力和理解能力。他们会在短时间内对要交往的对象进行扫描，了解对方的语言习惯、兴趣爱好、生活模式等，也可以从对方的神态、表情、情绪变化、肢体语言上感知对方内心的想法，从而了解对方在社交活动中的基本态度。如果你能做到以上这些，那么你就能针对交往对象的这些表现调整自己的交往策略，以保证彼此的交往更加和谐、深入。

众所周知，世界著名画家毕加索有一个理发师朋友，这个理发师只是个名不见经传的人物，既没有显赫的家世，也没有惊人的财富，更没有艺术才华。但就是这样一个普通人，却获得了毕加索的信任，还跟随毕加索进入了上流社会。

有传言说，这个理发师是在某个下雨天送给毕加索一把伞，两个人才因此相识的，但他们显然不是因为这件事就成了朋友。作为一名理发师，他每天都会接触到各式各样的人，加上自己的工作具有服务性的特点，所以他很懂得察言观色，懂得去了解对方的个人信息，挖掘对方的内心想法。可以说，他见识了形形色色的人，对每个人的信息、个性等都有所了解，故而也比其他人更知道如何同毕加索交流，知道对方在什么时候想些什么、会去做什么，以及自己应该做些什么来满足毕加索的需求，这才是他们建立密切关系的基础。

那么，我们该怎样全面地了解一个人的个人信息呢？

一、看对方的言谈举止

想要快速了解一个人，尤其初次见面的人，最直观的方法就是看他的言谈举止，尤其是他自然的、不经意间呈现出来的一些小动作、微表情等，这些都能帮助我们快速地了解一个人。

比如，有些人说话习惯用手势指点别人，这样的人一般比较自信，并且自己也会有一定的地位；有些人习惯一边说话，一边摆弄手边的小物件，这样的人大多性格内向、谨慎，不会轻易向别人透露自己的心思，但是做事踏实，让人放心；还有些人说话喜欢耸肩、摊手，这一类人一般心胸比较宽广，对任何事情都看得开，也不过分计较，比较容易结交。

二、听别人对他的评价

通过其他人的评价，我们也可以了解一个人的个人信息。尤其是与这个人熟悉的人的评价，往往更加准确。只不过我们不能只听一个人的评价，要多方听取，从不同的人的评价当中得出一个相对准确的看法。因为在不同的人的眼中，人都会扮演不同的角色，展现不同的面目。如果偏听偏信，就容易看错人。

三、看对方的工作类型

工作类型也可以反映出一个人的个人信息。比如，从事 IT 工作的人大多比较严谨，逻辑思维能力很强，但有时会显得有些呆板；搞艺术的人大多比较随性，和常人看上去不太一样，但他们的思想比较活跃，创造力较强；从事学术研究工作的人大多比较沉默寡言，不太善于与人打交道；等等。

四、通过交谈了解对方

虽然你与对方不熟悉，甚至是第一次见面，但如果有机会交谈，你也可以试探性地了解对方。

比如，你参加了一次学术沙龙，有人在沙龙上做了一个分享，你对这个人很感兴趣，觉得他的一些观点很好，很想向他学习。那么在对方分享结束后，你就可以找到他，跟他交谈。在交谈时，你可以问对方："您是不是做过讲师？"不管对方回答有没有做过，你都可以接着说："我觉得您讲得很好，所以猜您可能做过讲师。"这样一来，双方就打开了话匣子，你也可以由此逐渐加深对对方的了解。

在人际交往过程中，最糟糕的事情莫过于以自我为中心，把关注点都放在自己身上，不去关注别人的言谈举止。孔子曰："所信者目也，而目犹不可信；所恃者心也，而心犹不足恃。弟子记之，知人固不易矣。"要想真正了解一个人，必须要学会多方面地观察，这样才能更加全面地了解对方的个人信息，判断对方是不是我们要结交的人，能不能帮助我们成功实现向上社交。

判断对方的社交风格

心理学家荣格认为，在社会生活中，每个人都有一个至多个人格面具，而人格面具的形成是普遍必要的。荣格指出，人格面具可以使人演绎各种性格，但通常都是符合社会期待的一面，给予他人留下好印象，以便得到社会的认可；另一方面，人格面具也可以隐藏真实的自我。

这说明，在向上社交过程中，我们也可能遇到各种戴有人格面具的人，他们会表现出各种各样的社交风格。了解这些社交风格，有助于我们在向上社交中掌握更恰当的方法和技巧，减少社交障碍。

在人际交往中，根据一个人在沟通期间的情感流露多少，以及沟通期间做决策的速度是否果断等，我们可以把社交风格分为四种不同的类型，分别为分析型、和蔼型、表达型和支配型。这四种不同风格的人在社交活动中的反应和表现是不一样的，清楚地了解不同人在沟通中的特点和风格，我们就可以运用与之相应的方式与对方沟通，保证我们在社交过程中做到游刃有余。

接下来，我们就分别了解一下这四种类型的社交风格。

一、分析型

分析型社交风格的人内向且被动，逻辑思维缜密，做事条理清晰，讲究细节，很有责任感，说话办事也很有分寸，一般都会按照客观事实办事，不会被主观想法主导。而且，他们还有比较严重的完美主义倾向，为人谨慎、勤奋、有毅力，但也有比较严重的防备心理。

与这种风格的人交往时，首先要克服对方的自我封闭和防备心理，且由于对方比较理性，沉迷于数据分析，在社交过程中会特别关注数据和现实依据。这也提醒我们，想通过这种风格的人实现向上社交，就必须保证客观事实的准确性和数据的真实性，这样才有可能说服对方。

苹果公司的创始人乔布斯就属于典型的分析型社交风格。苹果公司的设计师每次向乔布斯汇报工作时，都必须提前准备好各种资料和观点，并且会尽可能地少提数据，因为乔布斯会深究每一个数据的真实性和所代表的含义。此外，他们还会在汇报前进行反复练习，找出可能存在的问题，因为一旦自己在汇报时出错，乔布斯就会据此向他们提出各种问题。

不过，在向上社交过程中，我们也可以利用分析型社交风格的特点，对这类人进行适当的赞美，比如赞美对方严谨的分析能力和专业的工作态度等，以减少对方对自己的防备与挑剔。

二、和蔼型

和蔼型社交风格的人外向且被动，做事专心，诚实可靠，持续性强，规律性高，并且他们在社交活动中懂得尊重他人，态度温和诚恳，讲究以和为贵，是非常善解人意的沟通对象。但是，这种社交风格的人也有缺点，就是缺乏主观意识，遇到问题容易摇摆不定，一般需要借助外力来推动他们做决定。

不过，对于向上社交的人来说，和蔼型社交风格的人通常是比较容易“搞定”的。只要你选择合作的姿态，向对方提出更具有价值的建议，并多强调共同的立场和利益，就比较容易说服对方，打开与对方连接的通道。

三、表达型

表达型社交风格的人外向且主动，具有充满激情、能言善辩、有远见等特征。在社交活动中，他们更愿意表现自我，展现自己的魅力。他们喜欢在各种场合发表演说，喜欢介绍自己和证明自己，并且交流风格多变。

要与这种社交风格的人打交道，建立密切可信的关系，你需要认同对方的看法，表现出对对方的倾听和欣赏态度。尤其对对方提出的观点要多给予认同和赞美，对对方的意见或询问也要给予确认和保证，最好能向对方表现出崇拜的姿态。即使你想要表达自己的观点，也要适当称赞对方的立场和想法。

四、支配型

支配型社交风格的人内向且主动，具有权威性、决断力和自信心，控制欲强，对自己和身边的人要求都很高。他们做事喜欢独立自主，追求效率，注重结果，很多时候都会表现得很强势，一般不容易被人说服，也不会轻易向他人妥协。这类人对权力、地位、领导力等都看得非常重，对人际关系比较淡漠，且要求很高。想在社交中与之建立连接是一件比较困难的事。

很多创业型企业家都属于支配型社交风格，他们在日常的生活和工作中会表现出一定的独裁性，喜欢将管理权限牢牢地掌控在自己手中，不愿意与别人分享自己的成果，也不相信别人的想法和意见。如果你是一名员工，想要与这样的领导深度交流，就一定要尊重他们的权威，凸显出对方的价值和地位。如果你想与支配型高圈层人交流，则一定要确保社交质量、沟通话题、谈话技巧、个人状态等都处于一个较高的水准上，并且与之交流时语言要简洁、清晰、有条理，回答要精准、言简意赅，询问事项时要提供多个方案供对方选择。简而言之，想实现向上社交，就一定要在这种风格的人面前拿出足够的依据，提供可行的方案，满足对方挑剔的胃口。同时自己还要保持低姿态，尽量围绕对方的话题展开沟通，满足对方的控制欲和权威性。

了解以上几种社交风格后，我们在进行向上社交时就可以先了解和判断一下对方属于哪种性格特质，具有什么样的社交风格与习惯，然后再有针对性地调整自己的状态和应对策略，制订更加合理的社交计划，做好更充分的准备，运用对方“喜欢被对待的方式”来与对方沟通。虽然这不能百分百确保社交成功，但至少可以帮助我们减少社交阻力和障碍，打开成功社交的大门。

打造合理有序的社交计划

不论做任何事情，想做得更加顺利、更加成功，都需要有一个科学合理的计划。通过计划，我们可以找到最合适的人、选择最佳的做事方式，从而更好地掌控整个事件的节奏，拿到自己期望的结果。

对于多数人来说，做事计划通常会包含各种基本信息，比如：自己要做的是什么事，为什么要去做这件事，决定从哪个方向做，什么时候开始做，和谁去做，每一步都要怎么做，等等。这几个方面通常是制订计划时个人思考和准备的基本要素。简单来说，一个完整的计划应该包括 5W1H（what、why、where、when、who、how），即做事的对象、原因、地点、时间、人物和方法。只有包含了这些内容，你的计划才算是一个合理的计划。

在向上社交过程中，为了保证社交效率，达成社交目标，我们同样可以运用“5W1H”分析法来制订计划，即提前知道自己社交的目的、要与什么人去交往、对方是谁、对方的背景是什么、在哪些方面具有优势、应该怎样与对方交往等，尽可能地掌握对方全面的信息，让自己做好充分的准备，确保社交的成功率。

很多人觉得，向上社交不就是认识更多优秀的、比自己厉害的人吗？

如果你这样想，那就太片面了。向上社交的确是要认识更多优秀的人，但同时还要针对自己的需求和自身存在的问题，找到一个适合自己的解决方案，然后再根据这一方案去对标要结识的人。这样，你的社交活动才更有针对性，而不是为了社交而社交。

比如，你是一个工程师，那么你与最优秀的演员、运动员之间就没有理由必须去建立稳定的社交关系；你是一个化妆师，也没有理由必须与一个顶级科学家去建立社交关系；你是一个厨师，同样没有理由必须与一个顶级投资者建立社交关系。

也就是说，我们要学会找到自己理想的榜样，有目的性地去建立社交，而不是只为了认识厉害的人，哪怕这个人跟自己的生活和工作毫无关系。社交的过程和方向应该符合自己的现实需求，你需要先弄清自己到底想成为什么样的人，或者要达到什么样的目的，然后再进一步过滤和分析，确定自己最适合也最应该与谁建立社交关系。

具体来说，我们在打造社交计划时，应该注意下面几个问题：

一、确定自己的社交主题和目标

在进行社交活动之前，我们要先对自己的社交方向进行设定，弄清自己是因为什么事情需要与对方建立连接，或者是打算与对方谈些什么。同时还要确定，自己是打算参加一些社交活动，还是直接去拜访对方。

为了确保社交的顺利进行，我们还需要提前了解并整合自己的社交主题，对自己要跟对方沟通的内容有所了解，或者至少有一个初步的认知。比如说，你打算请教一位建筑工程师，那么你就要先对自己请教的问题进行分析，弄清楚自己想获得什么样的信息：是了解工程质量检测程序，还是了解房屋建造的流程？是了解混凝土的混合比，还是获得房屋主体架构的关键信息？知道自己要做什么，要请教什么，这是开始社交活动的一个基本要件。

二、规划好社交时间

与对方见面沟通，并不是随时随地都可以的，毕竟每个人都有自己的时间安排。所以，我们最好找一个不影响自己和对方工作生活的时间来进行沟通、交流。

除此之外，我们还要把握好社交活动的时机，看看是事前去交流更合适，还是事后再沟通更合适；是等对方来找自己，还是自己主动拜访对方？

规划好这些时间方面的事项，可以帮助我们更好地掌控社交时间，争取在对的时间里做对的事，而不是在错误的时间里做事。

三、计划好社交地点

社交活动的地点安排也很重要。尤其是对于主动社交的人来说，安排一个合适的地点将更有利于社交活动的顺利进行。

在安排地点时，首先应该根据对方的身份、地位来考量，比如，如果对方是个有权有势的大人物，那就需要安排在一些比较高档的、保密性较好的场所见面，或者在对方允许的情况下，亲自登门去拜访；如果对方性格随和，为人低调，那么选择茶馆、咖啡厅等会面就比较合适；如果对方性格内向，喜欢安静，可以选择一些人少、安静的环境见面。

根据对方的实际情况来安排社交地点，不仅能让对方感觉更舒适，也能体现出我们对对方的尊重和重视，为进一步友好沟通奠定基础。

四、明确社交目的

任何向上社交都具有一定的目的性。你的目的是什么？是需要与对方合作，还是希望得到对方的帮助，抑或是想请对方解决什么问题？

明确这些社交目的后，我们才能更有针对性地做好规划，并按照规划一步步地去达成目标。否则，只是随性而来，想到哪里说哪里，不仅浪费对方的时间，容易引起对方不快，还会让对方觉得你是个不严谨、不靠谱的人。而且，明确了社交目的，还能让我们更好地把控社交节奏和方向，不至于让谈话跑偏。

五、找到与对方交流的方法

与不同的人交往，也需要不同的交流方法。在向上社交过程中，我们需要根据社交对象的性格特点、兴趣爱好、职位特征等，选择有针对性的方法与对方进行交流和交往。比如，有的人性格比较敏感，我们在与其交谈时，就要尽量谈正事、谈大事，而不要谈生活、家庭方面的小事，因为这类人在小事上容易敏感，但在正事、大事上却能端正态度；有的人很谨慎、细心，与这种人打交道，我们就要谦虚恭敬一些，多请教、多倾听，多发现对方身上优秀的人生经验。

总之，有了明确的社交目标，再规划好时间、地点、人物，寻找到有针对性的沟通方法，我们就可以制订出相对科学合理的社交计划了。而“5W1H”模型其实就是为人们充分开启社交活动所准备的，它通过对社交中各个因素的考量，通过对过程的分析和控制，可以有效地帮助我们提升社交成功率，实现向上社交的目标。

提前进行模拟与练习

在成人的世界里，社交都会有一定的价值需求，向上社交更是如此。所以，想要有效实现社交，就必须明确自己的社交目的。简单来说，就是希望从别人那里获得什么、能够满足什么样的需求。

不同的人，在不同的阶段往往也有着不同的社交目标，比如，某个阶段可能是为了赢得对方的认同，促进合作；某个阶段可能是为了结交朋友，融入对方的圈子；某个阶段可能是为了让对方购买自己的产品；某个阶段可能是为了让对方帮助自己摆脱困境……许多人喜欢参加各种各样的社交活动，但并没有目标性和针对性，每次只会跟别人寒暄几句，或者聊一些可有可无的客套话，这样的社交是没有意义的，你不了解对方的价值，对方也不了解你的价值，你和对方就很难建立进一步的社交关系。

有的创业者通过各种关系找到一个投资者，非常坚定地表示："我之所以这么费劲要见到他，并不仅仅出于一个粉丝对偶像的崇拜之情，我需要获得他的投资。"这就是希望获得融资的社交目标。

有一位商人想要与一家企业合作，特意去拜访了这家企业的领导，目的就是促进两家企业的合作。

有个管理者在管理企业时遇到困难，便去请教上一任的管理者，希望能从对方那里获得一些有用的管理经验和解决问题的方法，这就成了他向上社交的目的。

任何向上的社交活动，都包含有一定的目标和需求。一些具有社交经验的人，也能意识到社交中的这些价值因素，所以在社交活动中也不避讳这一点。通常情况下，他们会有步骤、有计划地展示出自己的目标，而不是直接告诉对方“我们交换吧”，或者是“你开个价吧”。

这一点不难理解，因为任何一种成功的社交都需要采取循序渐进的方式，也都需要合理有序的准备和计划，比如提前准备好要讨论的话题、准备好自己要提问的问题、自己会提出哪些条件，以及对方可能出现的反应等，然后将这些内容列入表格内，做好资料准备，提前进行社交模拟和练习。这样，你才能更有效地实现自己的社交目标。

《内向者的沟通圣经》的作者珍妮弗·康维勒曾经提出了一个沟通的“4P”原则，它包括四个步骤，分别为准备、展示、推动和练习。这个方法对所有人的社交活动来说都是可以运用的。

一、准备

准备就是做好即将面临的社交环境和社交对象的准备工作，通常是准备社交活动所需要的各种资料、所要说的话、所要注意的细节、所处的环境等，以及设定一个基本的计划和步骤。这一步一般涉及对社交对象信息的收集、对相关资料的研究，以及对社交对话的练习等。

前期的准备工作是推动整个社交计划和社交活动的前提，也是确保沟通更加顺畅、更加深入的基础。如果我们能提前对社交活动中可能出现的相关问题进行分析和预防，并做好比较全面的准备，那么我们对于社交过程和社交结果的掌控力就会大大增强，对于社交深度和广度的挖掘也会更加深入。

二、展示

展示通常是指我们要关注当下，然后把自己的正面形象呈现出来。展示是一种态度向上的呈现，主要指在社交活动中，我们应该把关注点落在当下需要解决的人和事情上面，并且尽可能地考虑交往双方在沟通过程中可能讨论的话题、达成的共识，或者是制定应对突发事件的机制等，由此建立起最基本的信任关系。

展示的目的就是突出自己的存在感，是让对方知道“我们的立场是一致的”“我们之间有很多共同的话题、共同的语言”等。这样的展示无疑会拉近彼此之间的关系，为进一步的交流打好基础。

简单来说，展示主要包括自我介绍、倾听对方的谈话、与对方进行实质性的交谈，以及回答一些比较深入的问题等。在整个社交过程中，这是非常重要的一步，既是个人优势、能力与价值的展示，也是与对方建立良好关系的开始。只有准备工作做到位，整个社交展示才会更加完美。

三、推动

推动是指我们在面对社交分歧和矛盾时应该采取的一种自我调整状态。要知道，每个人的性格、知识、经验、能力、背景、地位、需求等都有所不同，所以也不可避免地会在一些问题上产生分歧。这些分歧处理不好，就可能影响彼此的社交状态，导致双方刻意回避社交活动。

为了能帮助自己更好地融入社交活动当中去，我们需要推着自己主动走出心理舒适区，敢于去面对分歧和矛盾，并主动寻求解决分歧和矛盾的方法。必要的时候，我们还可以主动做出一些让步和妥协，以平衡彼此之间的社交关系。

推动的终极目的，就是促使双方都能接受和面对社交过程中可能遇到的问题。在这个过程中，个人能力、优势、价值等都应该继续展示，但更要确保自己能够适当地向对方靠近，确保自己不会因此而扰乱整个社交活动。

四、练习

练习是为了在社交活动中不断改善自己的不足，不断调整自己的状态，以便可以在社交活动中更好地呈现自己。

练习是以准备、展示和推动这几个步骤为基础的，它们共同构成了一个合理的社交模式和社交步骤。在社交活动中，这四个步骤不断地循环往复，直到我们对社交活动越来越熟练。当然，练习可以在现实环境中进行，也可以在安全的环境中进行模拟演练。

比如，一个公司管理者需要经常与陌生的客户、合作伙伴等打交道，这时他首先要做的就是收集对方的信息，了解对方的一些基本情况，如姓名、性别、年龄、喜好、生活习惯，以及在公司中的职位、能力、优势等情况。根据这些资料，再制作对应的客户资料档案。

除此之外，在与对方交往之前，还要对社交场所、时间等进行安排，同时还要根据沟通主题准备好自己的谈话内容，最好可以写一份演说稿，或者将自己要表达的内容写在纸上，以防止在社交进行时遗忘或有所遗漏。

对于很多人来说，“4P”原则是社交活动中的一个非常实用的方法，应用范围也十分广泛，而且效果显著。它可以帮助我们充分做好社交准备，也能帮助我们提前做好模拟练习，从而在实际的社交活动中可以更充分地表现自己，展现自己的价值，获得对方的认同。

创造良好的社交环境

经常听到有人抱怨：“我的社交圈太小了，扳着指头数也就那么几个朋友，就算是遇到困难，想找人帮忙，都有心无力。”

有这样困惑的人恐怕不在少数，但他们却没有认真思考，自己的朋友为什么这么少？想结识几个“大人物”为什么会感觉特别难？

事实上，这是因为这类人不懂得如何为自己创建社交环境，也不懂得如何去拓展自己的社交圈。很多时候，你觉得自己朋友很少，却没有想到，你朋友的朋友是不是也可以成为你的朋友？也许他们就是你苦苦寻找的能够给予你帮助和提携的人。当你认识越来越多这样的朋友时，你的社交圈自然就打开了，你也能据此实现向上社交的目标，结识到更多优秀的、厉害的大人物。

朋友不仅是与我们相识的人，还是我们得以认识新朋友的桥梁和纽带。试想一下，我们可以在很多场合认识不同的新朋友，有多少是通过我们自己的能力认识的？很可能屈指可数，我们结识的大部分新朋友都离不开老朋友的介绍与引荐。在某些社交场合，只要我们遇到老朋友，他们总是会介绍一些身边的朋友给我们认识，然后双方留下联系方式，一回生二回熟，很快就变成了好朋友。久而久之，我们的社交圈就会像滚雪球一样越滚越大。在这个过程中，我们也必然可以认识一些很优秀、很厉害的人。这就是我们进行向上社交的目标。

社交圈资源是一种很特殊的资源，它不像其他资源那样，在经过一番开发利用之后，原来的资源变成了新的产品或成果，之后就不能再用了。社交资源完全相反，它可以重复利用，并且还可以深度开发，甚至越用越熟，为双方创造出大量的价值。

不过，要实现有效的向上社交，社交环境的创造也很重要。20 世纪 70 年代，心理学家亚历山大等人曾提出情境同一性原理，意思是说，每个社会情境或人际背景都有一种合适的行为模式，这种行为模式表达在特别适合于该情境的同一性时，就叫作情境同一性。

如果解释得更直白一些，就是在社交活动中，如果交往双方都处于情感共鸣的状态里，那么这样的交往就可以在很高程度上促进彼此关系的发展。

这也提醒我们，在社交过程中，人与人之间的情感认同和共鸣，都是通过当时特定的情境刺激所形成的沟通和相互影响的结果。人所处的环境，如地点、气氛等一系列因素，也都会影响人的情绪和社交结果。所以，在社交活动中，我们要努力创造情境的同一性，为社交创造良好的环境。

一、借助朋友的力量

人们之所以结识各行各业的朋友，就是为了构建自己的社交圈资源。既然如此，我们平时就要多与朋友进行有效互动，借助朋友的关系和力量结识更多的朋友。如果朋友邀请我们参加一些聚会、社团等，有时间就一定要去参加，通常在一些非正式的、轻松的环境中，结识新朋友的机会也会更多。

为了有效建立向上社交，我们也可以主动向朋友询问他们的朋友的性格、爱好、职业等相关情况，以便能更有针对性地与对方交往。

六度分隔理论告诉我们，不仅是朋友的朋友，就算完全不搭边的陌生人，只要你愿意，也可以与他们建立关系，认识到自己想认识的人。通过这些方式，每个人都能搭建起自己庞大的社交网络。

二、找到共同话题，引导对方进入沟通情境

有效社交通常需要一个有价值的共同话题，只有围绕一个双方都感兴趣的话题进行交谈，才能将对方引入沟通情境之中，跟对方建立更深层次的交流。

一般来说，社会上的热点话题最容易将彼此引入沟通情境当中。因为热点通常代表了短时间内的一种信息趋势，代表了一个信息爆炸点，这些往往具有强大的话题性和吸引力，可以在某一段时间内制造关注度。而热点话题本身又具备一定的流量属性，在这个以流量为王的信息时代，相比谈论吃穿住行，或者谈论工作、家庭、孩子等，谈论热点话题更有吸引力。而且对于热点话题，不同的人也有不同的观点和看法，在社交场合交谈，也更容易与他人产生积极的互动。

在阿里巴巴上市之时，这个消息迅速成为各大新闻板块的头条新闻。当时，正好有一家准备登上新三板的公司开始融资，公司负责人将目光锁定在了一个投资者身上。在一次活动中，这个公司的负责人正好遇到了目标投资者，于是就主动过去跟对方攀谈，并且在谈话中提到：阿里巴巴最近上市了，我们公司也会登上新三板，等企业壮大之后，可以与阿里巴巴一样上市。说着，他还特意将一份公司发展规划和上市预案提交给投资者。投资者看完后，非常满意，很快便决定给这家公司投资。

可见，善于抓住热点话题与自己要交往的目标沟通，往往可以起到很好的效果。

三、打造得体的个人形象

个人形象也属于外界环境的一种，打造得体的个人形象在社交中非常重要。

得体的个人形象不仅包括一个人的外在形象，还包括言谈举止等，比如穿着干净、整洁，说话大方、得体、彬彬有礼，面部保持着真诚的微笑，别人说话时能够耐心倾听，等等。这些自我表现都可以为自己的个人形象加分。

只要你想实现向上社交的目标，改善自己的社交圈，就要努力去创造良好的、融洽的社交环境。在这种环境当中，你不但能够寻找到志同道合的朋友，还可能结识到日后对自己有所帮助，甚至能提携你的贵人。

第四章

创造机遇，切实提高交际能力

保持慷慨，主动让利得人心

在这个世界上，人与人之间相处很多时候都是维系利益关系。1961 年，美国学者霍曼斯提出了社会交换理论，其思想基础是行为心理学的强化原则、经济学原则和对策论思想。该理论认为，人与人之间的交往具有社会性，各种交往关系涉及谋划者的报酬和代价，主张分配上的公平。也就是说，人际关系通常是建立在迎合他人的某种需求和满足自我需求的基础之上。

这一点在销售活动中体现得最为明显，比如，商家想要确保自己的产品被消费者接受，就会表现出一定的诚意——给予消费者一定的好处。这里的“好处”不仅局限于出售产品所具备的使用价值，还包括一些产品交易之外的优惠措施。而商家这样做的目的，就是进一步激发消费者的好感和兴趣，让消费者产生“我希望购买你的产品”或“我不好意思拒绝你的交易请求”这一类的想法。

俗话说："让利者得利，近利者无利。"在人际交往中，如果你总是让别人吃亏，自己占便宜，久而久之，别人就会远离你。即使有好的项目、好的机会，对方也不愿意找你合作。但如果你能保持慷慨之心，能够主动让利，表面看是吃亏了，其实恰恰是"最精明"的社交方式。因为别人知道你为了成全他的利益而选择自己吃亏时，就会对你刮目相看，甚至会对你产生信任感，这就可以帮助你建立良性循环的交际圈，让人际关系保持长远。

国内有一位著名的地产商，年轻时很有商业头脑，也非常勤奋，但事业一直没什么起色，甚至到了即将破产的境地。

有一天，他正在街头漫无目的地闲逛时，路过一家书报亭，便顺手买了一份报纸翻看起来。在报纸上，他看到了一句话，一下子便豁然开朗。

之后，他重返商场，以一万元的本金开了一间杂货铺，赚到一点钱后，又开了一家水泥厂。多年后，他从一个包工头变成了一名身家百亿的地产商。

这简直就是一个商业神话。后来，在一次大学演讲中，他公开了自己逆袭的秘诀。原来，他当年在报纸上读到了一篇记者采访香港首富李嘉诚的儿子李泽楷的文章。在文章中，李嘉诚对李泽楷说的一段话深深地启发了他。李嘉诚说："你跟别人合作，如果你拿七分合理，八分也可以，那你拿六分是最合适的。"这句话让他懂得了"让利"其实才是"得利"的最佳途径。

此后，他在做生意时，再也不为利益问题和对方斤斤计较，还总是为对方的利益考虑，尽量让对方比自己多赚一些。就因为这一点，与他合作的人越来越多，他的客户也越来越多，财富自然也源源不断地来了。

不管是在李嘉诚身上，还是在这位地产商身上，都充分说明了主动让利的人并不是傻，恰恰是拥有大智慧的人。只盯着眼前的蝇头小利，是鼠目寸光；保持慷慨，懂得让利，才能真正得人心。

在社交场合，我们经常会遇到各种各样的人。想要结识更多优秀的人，实现向上社交，也要懂得让利的重要性。一般来说，在人际交往过程中，我们应主要学会在三个方面主动让利。

一、在语言上让利，与对方交换信息

人与人之间的交往本身就是一种利益交换，这种利益可能是机遇的交换，可能是经验的交换，也可能是信息的交换。每个人对于各种信息的掌握程度都不一样，很容易出现信息差。在这种情况下，如果你能站在对方的角度，主动跟对方分享一些自己熟悉的知识和信息，往往可以快速赢得对方的好感。

有人可能会说：对方比我优秀、比我厉害，还能有什么是我知道而对方不知道的信息？

其实，每个人都有自己的长处和优势，即使对方在某些方面确实比你优秀，也不意味着对方处处都强于你。如果对方在某方面不擅长，而你恰恰很熟练，主动为对方提供信息，就可以赢得对方的信赖。这样，你才有可能从对方那里获得更有价值的信息，拓展自己的视野。

二、在行动上让利，主动帮助别人

罗振宇曾经提出过“发行社交货币”的概念，它的主要意思是说：如果你要别人对你好，就要先学会付出；你喜欢被照顾，就要先去照顾别人；当你善待别人的时候，其实也是善待你自己。

的确，在社交活动中，如果你想让别人信任你，快速获得别人的好感，最好的方式就是主动给予对方帮助。

北宋名臣张齐贤，年轻时家里很穷，父亲过世了都无法安葬。一个县吏看到了，觉得张齐贤可怜，就主动出钱帮助他给父亲办了丧事。

后来，张齐贤得到宋太宗重用，做了大官，但他没有忘记曾经帮助过自己的县吏。张齐贤不但认县吏为兄长，还在适当的时候提拔了他的官职。

不难发现，张齐贤和县吏都是懂得通过行动让利的人，在帮助别人的过程中，自己也得到了好处，获得了更多的机遇。这就是“人抬人”的智慧。

新东方创始人俞敏洪在北京大学上学期间，每天都会主动打扫宿舍卫生，不计较是否轮到了自己值日。他还经常帮助全宿舍的同学打开水。

有人看见了，就说他傻，被全宿舍的同学占便宜。俞敏洪却说：“大家都是同学，我多干点儿也没啥！”

后来，俞敏洪创立新东方，为了广纳人才，就向在国外工作的老同学发出邀请。几个同学放弃了国外的高薪跑回来帮他。他们说："就冲你在大学时给我们打了四年的开水，我们也应该回来支持你。"

在老同学的帮助下，新东方的发展蒸蒸日上，俞敏洪也因此成了家喻户晓的人物。

不论与什么人交往，积极地表达自己的友善和对对方的关心，可以快速赢得别人的感激和信任，也能与对方建立起互相帮助的关系。这种关系，日后很可能就会为你赢得更多的机遇和合作机会。

三、在利益上谦让，愿意分红给别人

在与人交往或合作过程中，要善于放下一些个人利益。比如，在跟客户谈判时，可以适度降低自己的要求，给予对方一定的让步，既能达到共赢的结果，又能为下一次合作奠定基础。

很多时候，请别人吃饭，只能让人看到你的感激；而学会让利，则会让对方看到你的真诚，让他觉得他的价值被具体化了。而且当别人得知，跟你合作能得到"利益"回报时，也会更进一步地跟你合作。

收藏家马未都喜欢收集古董，并且辨别古董的眼光非凡。对于自己看上的古董，他一般都能用合适的价格买下，但也不会让卖家无钱可赚。

有一次，马未都在一家古玩店看上了一件精美的汝窑瓷器，就向店家问价。店家说："这件是我从日本买回来的，价格很高，如果您想要，我就八万块钱卖给您吧！"

马未都听了，笑了笑说："我出九万，这件瓷器我要了。"

店家非常高兴，立刻把这件瓷器装好，交给马未都。从那以后，只要店里来了什么好东西，他都第一时间联系马未都。即使马未都砍价，他也基本都会答应。

马未都懂得主动让利给店家，看似多花了一些钱，但其实他通过这个店家买到了更多更好的宝贝。

戴尔·卡耐基曾说："与人交往的诀窍在于不斤斤计较，懂得给予别人快乐和价值。"无论是向上建立个人关系，还是寻求商务合作，这种方式都能帮助你更好地拓宽自己的人脉，收获更多的善意、信任和机会。

随机应变，找准机会建立连接

当你参加一个年度论坛，发现有一个业界大咖也应邀参加了这次活动，并且还要做核心发言时，你是否觉得自己与对方差距很大，不敢主动上前介绍自己？等到会议结束后，你好不容易鼓足勇气加入人群排队与对方合影，趁着合影的机会，你是否会向对方要名片或联系方式？如果对方称自己没有带名片，或者名片已经发完了，你会不会失望地离开？

这是很多人在向上社交过程中都会遇到的问题，并且不少人也会因此而失去信心，觉得自己完全不知道该如何应对这些问题，才能与那些企业老总、行业大咖等建立连接。

有人可能认为，我们之所以没有成功实现向上社交，一方面是因为我们不够自信，不敢主动与对方建立连接；更主要的是我们没有机会，原本双方交往的圈子就相差很大，平时更是没什么机会能接触到对方。

以上确实会影响我们正常的向上社交，但事实上，有些时候根本不需要我们刻意地寻找机会，机会可能突然就会降临在我们面前。这时，我们必须学会随机应变，抓住机会，主动靠近对方，与对方拉近关系，建立连接。

一位毕业于牛津大学商学院的知名企业家，跟朋友分享了自己的一段经历。

有一次，这位企业家与一位英国大客户洽谈业务，由于其中有几个条款没能达成共识，双方争执不下，展开了拉锯。

吃午餐时，这位企业家旁边刚好坐着对方的律师。这名律师不但在英国当地非常出名，还拥有很强的人脉资源。两人简单聊了起来，结果发现他们竟然都是高尔夫球迷。因为有共同爱好，两人聊得很开心，下午的谈判气氛也变了，慢慢谈出了双方都满意的结果。

晚上，两个团队一起出去庆祝，企业家与律师又聊起来，发现他们都去过世界上很多不同的球场打球。两人还相约要一起去打球，成了很好的朋友。

后来，这位律师到中国来出差，企业家因为太忙，没能与律师见面，但还是定了一大束花送给他，并转达了自己无法接待朋友的遗憾。律师离开中国时，正赶上气温大幅下降，企业家又送给律师一件羊绒披风。

一年后，这名企业家被牛津大学商学院录取，从导师那里了解到，这位律师还为他写了一封很棒的推荐信，这在他的申请中起到了重要作用。

你可能觉得这名企业家很幸运，碰巧遇到了一位资源过硬的律师。与其说他幸运，倒不如说他很善于随机应变，同时也说明他具有强大的社交能力，能够根据实际情况巧妙地与对方建立连接。这本身就体现出了他出色的社交能力。

在向上社交的时候，很多人可能都会提前做一些准备和计划，比如了解自己所要交往的人是谁、有哪些喜好、从事什么行业、获得过哪些成就等，并据此设计好自己要对对方说的话和要提的问题。

不过在有些时候，计划赶不上变化，社交活动总是出现一些随机性事件和突发情况打乱计划，让计划不能正常进行。面对这种情况，如果你还是死守着自己的计划，想让社交活动按照自己的计划进行，可能只会起到反作用，让自己白白失去好的社交机会。

为了避免这种情况出现，我们不妨自己大胆地寻找机会或创造机会，及时调整自己的社交计划，以便自己能继续接触到对方。很多时候，变化中也包含了机遇，只要你能掌控好变化的过程，就能从中找到转机。

在这种情况下，我们通常要注意三点。

一、要敢于主动出击

一旦社交活动与我们的计划不符，我们就要及时调整计划，并主动出击。俗话说:“世界上没有陌生人,只有尚未认识的朋友。”与陌生人建立关系一定要有信心,争取并把握好与对方交往的机会。比如,你可以主动走上前,向对方介绍一下自己,并在介绍中展现自己的某些价值,让对方对你产生兴趣和进一步交流的愿望。或者寻找到自己与对方的某些相似之处,也能打开与对方交谈的话题。

二、有出色的自我调节能力

一旦原计划被打破,我们就要马上调整社交计划和自己的状态,甚至需要快速制定出新的社交策略,为建立连接做好准备。

这种应变能力和自我调节能力不是一下子就能具备的,它需要你平时多参加各种社交活动,从与各种各样的人打交道的过程中慢慢积累经验,获得更多的自我调节能力。你的调节能力越强,面对社交突发状态时就越能巧妙应对,也越容易抓住机会,建立向上社交关系。

三、寻找社交突破口

一般来说,除了一些日常突发事件会影响社交计划外,突然事件也会带来社交窗口,比如在正常情况下,我们可能需要别人引荐才有可能结交某个人,甚至能结交成功的概率还很低。但是因为一些特殊情况的出现,给我们带来了绝佳的社交机会,让我们找到了一个与对方结交的突破口,结果成功实现了向上社交。

2016 年 11 月的一天,真真淘淘 APP 创始人梁建峰跟在小米公司工作的朋友约好，要一起讨论一下他创建的一种新的商业模式。当梁建峰到小米公司去找自己的朋友时，在电梯里竟然遇到了小米公司的 CEO 雷军。

梁建峰觉得这是个非常好的机会，虽然两个人之前没有过任何交集，但梁建峰还是觉得应该抓住这次机会。于是他掏出手机，在电梯里直接向雷军展示自己的产品。在短短的几分钟时间里，梁建峰就把真真淘淘 APP 是做什么的、具体如何运营等情况向雷军解释得非常清楚。在互联网领域打拼多年的雷军很快就意识到，这是个不错的项目。最终，梁建峰获得了小米科技 2000 万元的投资，成为小米生态链的重要成员之一。

梁建峰之所以成功拿到了小米科技的投资，就因为他找到了社交的突破口，抓住机会，勇敢自信地向雷军展示了自己的产品，与雷军巧妙地实现了“意外”连接。

可见，在向上社交过程中，我们必须要学会随机应变，把握可能出现的任何一个机会，主动连接那些优秀的人士。这个过程可能有些冒险，但只要我们对局势有清晰的判断和把握，并能找准切入点，就有机会建立起向上社交的渠道。

急人之危，主动帮对方解决问题

在这个商品经济的时代，越来越多的人表现出自私自利的人性弱点，一切都以自己的利益为重，丝毫不去考虑别人的感受，结果陷入困境时，才发现自己孤掌难鸣。

俗话说:“三十年河东,三十年河西。”谁都不知道未来自己会需要谁的帮助。只有自己在人际交往中学会急人之危,主动去帮助别人,尤其是帮助那些未来很可能会成为你的贵人的人,当你遇到难题时,才有可能获得别人的回报,甚至是贵人的提携。社交中的一条重要原则就是:你能为他人做什么,决定了他人愿意为你做什么;你帮助自己的朋友变得更强,也就是在间接地让自己的人脉变得更强。

贾玲是一名家喻户晓的演员,她的人脉圈自然不必多说。但是,在她成为“大腕”之后,第一个帮助的就是自己的好朋友张小斐。彼时的张小斐虽然在娱乐圈已经打拼多年,但仍然没有什么名气,也没什么好的作品。贾玲伸出援手,希望能帮张小斐创造更好的机会。

后来,贾玲投资拍摄电影《你好,李焕英》,安排张小斐出演了自己的“母亲”一角。电影火爆后,张小斐也终于凭借这个角色大火。

表面上看,是贾玲帮助了张小斐,但其实她也是在为自己的人脉圈锦上添花。乐于助人,最终也是在助己。

美国著名作家阿尔伯特·哈伯德曾说:“聪明人都明白这样一个道理,帮助自己的唯一方法就是去帮助别人。”很多人在建立和扩大社交圈的时候,都会有一种无从下手的感觉。其实,只要你能在别人遇到困难、需要帮助的时候,主动伸出热情之手,帮助对方解决问题,那么你的社交圈就会越来越大,以后能够为你提供帮助的人也会越来越多。在这些人当中，也一定会出现足以让你改变命运的贵人。

真正有效的社交，就是帮助别人解决问题。我们可以仔细回忆一下自己工作的经历，大部分能让我们记住的人，通常都是在某个时刻帮助过我们的人。而很多愿意跟我们联系的人，大部分是自己曾经帮助他们解决过一些问题的人。

有人可能不理解：向上社交，交往的人不都是比自己厉害的人吗？他们能有什么需要我们帮助呢？

事实上，厉害的人能力越大，碰到的问题往往也越大。但偶尔的时候，他们也会遇到一些小问题，可能一时之间没想到或者没想好怎么处理。恰好在这个时候，你有过解决类似问题的方法和能力，这时你主动帮忙，提出了自己的解决方案，对方觉得很靠谱，继而采取了你的解决方案，或者直接让你帮他解决了。这样一来，你们之间就建立了交集。之后，对方有什么好事，或者遇到与你给他解决问题相关的机会时，也会想起你，甚至还可能为你提供机会，让你的人生从此发生改变。

网上有这样一种说法：给别人帮忙时，即使对自己来说不费力气，也不要马上帮忙，而是告诉对方“这个问题有点难办，但我会努力帮你”，认为这样对方会更感激自己的帮助。如果主动去帮助对方，对方会认为这件事很容易，心里就不会感激你，也不会记住你。

这种说法是不恰当的。既然你能帮到别人，也决定要帮助对方，那就立刻帮忙，不要拖泥带水。这时，你的帮忙对别人来说才是急人之危，才能给对方留下深刻的印象。

所以，在人际交往中帮忙时，应该注意下面三点。

一、帮忙的结果很重要，但态度更重要

如果你遇到了困难，希望别人帮忙，你希望别人怎么帮？是思考半天，才答应帮你想办法，还是马上出手，为你提供帮助？

相信你会认为第二种才是真正值得你交往的人。

很多时候，帮忙的结果固然重要，帮成了别人会感谢你，但是帮忙的态度同样重要。你的真诚、温暖，你的援手相助，更容易让别人记住你。

二、拖泥带水地帮忙，会让效果大打折扣

有些人面对比自己厉害的人遇到困难时，哪怕能立刻帮忙，也故意拖延一下，希望用这种方式让对方知道，自己是在犯难的情况下帮助对方的，对方应该记住自己的“大恩大德”。殊不知，这种方式会让帮忙的效果大打折扣，对方甚至会认为你是在故意邀功请赏。即使最终你帮助对方解决了问题，他们也想尽快与你划清界限，而不愿意与你有更进一步的交往。

三、帮忙要真诚，不要耍小聪明

有些人总是自以为很聪明，遇到大人物需要帮忙时，故作深沉，甚至耍一些小聪明，试图通过这样的方式在大人物面前邀功。殊不知，对方经历的事情、遇到的人比你多得多，你的小聪明对方

也会一眼看破。你的态度是真诚的，还是虚假的，对方看得明明白白。如果你想用这种小伎俩笼络人心，最终可能只会鸡飞蛋打。

既然能够帮到别人，那就真诚地、主动地去帮助对方。唯有这样，你的帮忙才显得自然又得体，你的行为才能让对方感到温暖和可靠。套路只是自欺欺人的表演，真诚才是向上社交的终极技巧。

总之，在朋友遇到困难时，尤其是贵人遇到困难的时候，该出手时就出手，千万不要犹豫，更不要耍小聪明。那些有成就感的人，社交面都很广，而这棵社交的大树是需要真诚和热情去灌溉的。一个人活在世上，不能总想着自己的利益，还要多想想别人。要想他人之所想，急他人之所急，以开朗豁达的心境和热情友好的态度去理解他人、关爱他人、帮助他人。懂得在大事小事上都愿意主动帮助别人的人，必定朋友遍天下，贵人自然来。

谦虚低调，主动向别人请教问题

很多人在社交过程中，不敢去与那些高圈层的人交往，生怕自己说错话被对方嘲笑，或者不知道该怎么跟对方展开对话。

其实你完全没必要给自己这么大的心理压力，因为每个优秀的人、厉害的人、高圈层的人，也都是从不够优秀、不够厉害、圈层不够高的阶段走过来的。哪怕是你主动去与他们交流、建立连接，他们也不会嘲笑你、看低你。如果你实在担心与对方没有话题可聊，那么可以通过向对方请教问题的方式来与对方互动，建立连接。而且能够谦虚地向对方请教问题，还可以给人留下一种不耻下问的印象，引起对方对你的好感。

2006年6月30日，著名投资人段永平以62万美元的报价赢得了与巴菲特共进午餐的机会。很多人不理解，为什么要花那么多钱跟巴菲特吃一顿饭，这顿饭哪里值62万美元？而实际上，段永平在跟巴菲特一起进餐时，向巴菲特请教了一些关于投资方面的问题，并获得了很多有益的启示。在后来的日子里，段永平也凭借自己雄厚的资产入股了苹果公司。

后来，段永平在谈起与巴菲特共进午餐这件事时说道，他利用从巴菲特身上学到的投资知识所赚到的钱要远远超过那顿午餐费用。也正是在巴菲特的指点下，段永平在此后的投资中始终坚守原则，避免了很多失败的投资，成为华人圈中有名的投资大佬。

这个故事也说明，如果你想让更加优秀的人注意你、了解你，并愿意与你进行深入交流，一个有效的途径就是善于向他们请教问题。当然，你请教的问题必须要有深度、有价值、有意义，具备可以让双方深入探讨的条件。如果你请教的问题很肤浅、很泛泛，甚至是一些无关痛痒的小事，对方就会认为根本不值得与你深入地交谈。

很多想要向上社交的人都会犯这样的错误，就是想通过走捷径的方式结识去更多的成功人士，并希望他们能够提携一下自己。可是，如果没有掌握恰当的方法或方式，不但无法获得对方的青睐和帮助，还可能引起对方的反感。

一般来说，我们想要向某个人请教问题时，首先要选择一个对方擅长的问题，这个问题不能太难，也不要太简单，然后寻找一个恰当的时机，诚心地向对方请教。

你的这个问题选得好不好，将会直接影响你能不能结交到这个比你厉害、层次比你高的人。问题太难了，对方觉得一时半会儿跟你讲不明白，可能就不想跟你讲了；问题太简单，又会让对方觉得给你解答这样的问题简直是在浪费时间。虽然向上社交也需要一些生活化的问题拉近距离，增进感情，但你必须尽快找到更高价值的问题请教才行，否则就会失去进一步交流的机会。所以，在请教问题时一定要提前做好功课。

一、了解对方的性格

想要结交某个人，你可以通过其他人打听一下这个人的性格特点，比如：他的性格是外向还是内向？他喜欢什么样的人？喜欢什么样的交谈方式？等等。你了解得越详细，选择的问题就会越准确，与对方建立连接的机会就越大。

二、了解对方擅长的方面

想要让自己提出的问题引起对方的兴趣，你还要了解清楚对方在哪些方面比较擅长，哪些方面是他引以为傲的，一定要学会抓住这个点。

这个点一般分为两部分：一个是对方的专业，另一个是对方的兴趣爱好。比如，对方是一个成功的企业家，那么他的专业肯定是经营企业，但是他的兴趣爱好可能是钓鱼。

了解到这些信息后，你在向对方请教问题时，既可以选择专业方面的问题来请教，也可以请教一些关于他的兴趣爱好方面的问题。这些都可以引发对方为你解答的兴趣。

三、用心设计好要请教的问题

什么样的问题才是好问题呢？

通常来说，越是具体的问题越好。

比如，你直接问对方："李总，该怎么管理企业？"这就是一个非常笼统的问题，对方也不知道该怎么具体回答你。但如果你这样问："李总，我在管理企业时遇到了这样一个难题，就是管理层经常意见不统一，您一般都会如何处理这个问题？"这时，对方可能就会根据自己的管理经验，给你讲一讲如何统一管理层的方法。

向别人请教问题一定要懂得"对症下药"的含义，我们给出的"症状"越具体、细节越多，对方给出的"药"才越准确。

四、学会引导对方表达

在请教问题时，不但要学会提问题，还要学会引导对方深入地回答问题。比如，对方做出解答后，我们还可以再深入地询问一下，以加强双方的互动性，如："您当时是依据什么做出这个判断的？""我很好奇您当时为什么做出这样的选择呢？"或者我们自己也谈谈自己的观点，请对方来评判一下，这样也能将话题引得更深一些。

可以说，主动向别人请教问题就相当于一个社交开关，打开这个开关，社交的流程就能变得顺畅。但这里也要注意一点，就是在向对方请教、提问题时，一定要抱着谦虚、友善、尊重的态度，不论你与对方是否熟悉，都不要太冒失，而要多用一些礼貌性的词语，如“您好”“请问……”“请不吝赐教”“劳烦您”“谢谢”“让我受益匪浅”等等。这样才能让对方更乐于向你分享他的知识和经验。同时还要注意，对于对方说的一些自己不懂、不理解的问题，不要故意装懂，而要坦诚地告诉对方，希望对方能再详细地帮你解答一下。只要态度诚恳、谦虚，对方就会愿意继续与你交谈，你也能因此获得更丰富、更有价值的信息和资源。

保持同频，才能同行

我们在生活和工作中经常听到家人或同事的打趣：“咱俩别说了，不同频！”的确，两个不同频的人是无法实现有效沟通的，甚至都无法相处、无法同行。

同频，意味着我们与对方的思维方式是一致的，我们在同一个思维维度当中，而不是在不同的维度中。在向上社交过程中，如果对方说西，你偏要说东，那么你跟对方就属于不同频。在这种情况下，对方也不愿意再与你继续交谈。所以有时你会发现，你在跟对方聊一个话题时，对方要么找借口离开，要么不说话，这很可能是因为对方觉得你们根本不同频，因此不愿意继续与你聊下去了。

同频才能交流，同频才能获得共识。很多人一见到比自己圈层高的人，立刻就开始介绍自己的个人情况，介绍自己公司的情况，介绍自己的长处和优势，却完全不知道，当你滔滔不绝地介绍陈述这些事情时，对方和你在一个频道上吗？如果不在，你说的这些就完全没有意义。

向上交流中关键的一点就是一定要与对方的认知和情绪同步，保持彼此的同频，这样才能达到信息传输的最高效率。同频是为了让信息接收者打开天线接收你的信息，如果做不到同频，接下来的交流就会大打折扣，可以说是无效的交流，你也很难实现向上社交。

人们常说，有些人社交能力非常强，“见人说人话，见鬼说鬼话”。这说明这些人在社交活动中非常灵活，即使跟不同领域、没有什么直接交集或不同认知层面的人聊天，也能非常顺畅，原因就在于他们懂得同频的道理。

看过《奇葩说》的朋友都知道，詹青云和傅首尔是两个很强的辩手。在台上对垒时，两个人都思维敏捷，言辞犀利，观众们看了后感觉两个人棋逢对手，听她们论辩也非常爽。但是在台下交流时，两个人却是彼此欣赏，惺惺相惜，詹青云评价傅首尔诙谐幽默，傅首尔则称赞詹青云：“听青云论辩就像被风亲吻。”两个实力和文化底蕴相当的人，不管是在台上对垒，还是在台下交流，都显得轻松自在。

人与人相处和交往，讲究的就是思想和认知上的“门当户对”，如果做不到这一点，那就是不同频，也很难走到一起。

在现实工作中，很多时候我们很用心地与对方沟通，却往往达不到预期的效果，这种苦恼很多人都遇到过。尤其在向上社交过程中，不能做到同频交流，不但让双方都觉得尴尬，我们也无法有效实现向上社交的目标。

那么，在向上社交过程中，怎样才能做到与对方保持同频呢？

在与对方交谈过程中，用心当然是必要的，但还要讲究沟通的方式和方法。

一、保持同理心，懂得换位思考

在向上社交时，能够保持同理心，站在对方的角度思考，不仅可以提高沟通和连接的效率，还可以在一定程度上保证沟通效果。

同理心是一个人与生俱来的能力，即使是几个月大的婴儿，在看到其他孩子哭泣的时候，自己也会跟着哭泣。我们在社交过程中，也要学会站在他人的角度，体验他人的情感和感受，以他人的视角来看待问题，理解他人的行为和心情。

比如，一位领导或客户到你的公司视察，老板让你配合对方做一些辅助工作。在视察工作结束后，你的任务就算完成了。这时，如果你对对方说：“李总辛苦了，那我先离开了。”然后迅速地离开了对方，之后你们可能也不再有任何交集了。但是，如果你这样对对方说：“李总今天辛苦了，您看现在还有没有我能帮忙的地方？”这句话就与第一句话有着巨大的差别。

我们都希望别人能理解自己，要有同理心，反之，我们在向上社交时，也要学会理解对方，对对方有同理心。而“还有没有我能帮忙的地方”就是连接人与人之间的话语。因为即使没有再能帮上忙的地方，这句话也蕴含了一股力量，对方可以从中感受到“我理解你的辛苦”“我会和你一起努力”“我在你身边”等含义，由此对你产生信任。

二、学会有效地倾听

有效倾听是我们在向上社交过程中一定要加持给自己的一项重要能力。如果不会听，你在交往对象面前就不会受到欢迎，你的社交效率也不会高。

有效倾听的目的也是与对方保持同频。在倾听过程中，我们可以在表情、肢体动作、语言等方面适当模仿对方，这样不但能给对方留下较好的印象，还能引起对方强烈的共鸣，拉近彼此的距离，让对方从情绪、肢体动作和语言方面就能感觉到你对他的尊重和赞许。

有心理学家研究发现，那些销售业绩好的业务员，总会在无意识中模仿客户的姿势，这也是他们能够快速赢得客户好感的一个原因。比如，对方说话说到一半时，将原本前倾的身体靠向了椅背，这表示他的情绪和身体都很放松。这时，如果你也模仿他的姿势，身体微微后倾，也能向对方传递出你很轻松、很享受听他讲话的信息。

在语言方面也可以适当地模仿对方。比如，你见到一位行业大佬，正跟对方闲谈，忽然看到对方手腕上戴着一串珠串，就可以就此展开话题:“王总, 您戴的这串珠串很特别啊! ”此时即使你对珠串完全不了解, 对方也可能会给你讲一讲珠串的来历、质地等, 并且可能会说一句:“现在这种工艺的东西越来越少了。”这时, 如果你急于想表现自己的见识, 说:“我上次见到一位这方面的大师, 他也有一串非常不错的珠串。”这样的回话就容易让对方感到被冒犯, 交谈的气氛也会被破坏。但如果你模仿对方的话这样说:“的确像您说的, 这么好的东西越来越难见到了。”这样的回答就既安全, 又不会冷场, 还能与对方保持同频。

在向上社交过程中, 保持同频认同是一种非常实用的方法, 它并非对比自己优秀、比自己厉害的人的简单认同, 而是一种社交策略。其目的是通过更加积极的回应获得对方的关注, 或者以此为契机, 寻求与对方连接的机会。

微软公司创始人比尔·盖茨很喜欢读书, 自己经常在网上分享一些阅读心得, 有时还会把自己看到的好书推荐给网友。十多年来, 他几乎每周都要在自己的个人网站上推荐一本书。他还会在网上寻求帮助, 希望网友也能给他推荐一些好书。而网友也的确会给比尔·盖茨推荐一些自己比较喜欢的书籍, 双方在网上的互动很友好。有几个网友和书籍的作者甚至因此与比尔·盖茨建立了很好的社交关系。比尔·盖茨有时还亲自站台, 帮助书籍作者宣传他们的作品。

每个人都希望得到别人的关注和认同, 不管自己是不是优秀, 或者是不是处于较高的圈层当中, 这是人性使然。能够理解这一点，我们就可以在向上社交过程中尽可能地与对方保持同频。哪怕有时不太认同对方的观点，也要寻找更温和的表达方式，委婉地告知对方：即使我的观点与你的不同，但你的观点同样很好。

“贵人”并非可遇不可求的，人和人的交集完全可以创造。积极、主动、真诚、利他，这些可以构成有效沟通的万能吸引力。人生不是独角戏，也不是永远仰望他人，好的关系都是势均力敌，同频的人才能走到一起，并能走得更远、更久。

懂得赞美对方，赢得对方信任

每个人的内心深处都有被称赞和被欣赏的渴望，而每个人也都有值得被称赞和被欣赏的地方。懂得赞美别人，就意味着对这个人优点的肯定和对这个人的认同。一个善于发现和欣赏别人优点的人，一个善于认同和肯定别人的人，也必然具备一种使人愿意亲近和能够赢得他人信任的人格魅力，因而也毫无疑问地成为人际交往中的佼佼者。

1921 年，钢铁大王安德鲁 · 卡内基曾选拔年仅 38 岁的查尔斯 · 史考伯担任新成立的美国钢铁公司的总裁，让他成了美国历史上第一位年薪超过百万美元的人。而史考伯之所以受到卡内基的信任和提拔，并不是因为他有多么高超的业务技术能力，而是由于他具有非凡的人际交往能力和懂得适时地赞美别人的经验。

对于这段经历，史考伯是这样评价的：“我能得到这么多的薪金，主要是因为我与人相处的本领。我认为，我能够让员工振奋起来的能力，是我所拥有的最大资产。而让一个人发挥最大能力的办法，就是赞美和鼓励。再也没有什么比上司的批评更能抹杀一个人的雄心了。我从来不批评任何人，我赞美、鼓励别人工作。因此，我乐于赞美而讨厌挑错。如果说我喜欢什么的话，那就是我诚于嘉许，宽于称道。”

史考伯在管理方面做出了很厉害的成绩，后来他离开美国钢铁公司，接管了一家当时正陷入困境的贝斯雷汉钢铁公司，没用多长时间，就让这家公司成为美国最赚钱的公司之一。这与他所说的“与人相处的本领”也是分不开的。

提携了史考伯的钢铁大王安德鲁·卡内基本身也是一个很喜欢赞美别人的人。他在管理公司期间，不仅经常称赞他的员工，去世前，还为自己撰写了一句非常独特的碑文：“这里躺着的是一个知道怎样跟他那些比他更聪敏的属下相处的人。”

可见，懂得赞美别人，可以让你更容易赢得对方的信任，获得更多的机会。美国心理学之父威廉·詹姆斯也说，人类本性中最深刻的渴求就是受到赞美。每个人都希望获得来自社会或他人的赞美，让自己的自尊心和荣誉感获得满足，即使本身很优秀的人也不例外。这是一种强烈的存在感和价值感。

不过，在向上社交过程中，赞美别人也要讲究方式方法。那种特别明显的阿谀奉承，会让人觉得你明显是在拍马屁，不但起不到赞美的效果，还会引起对方的反感。所以，真正的赞美是赞到对方心坎上的。

一、赞美一定要真诚

一些很优秀、很厉害的人会经常听到别人对他们的赞美，所以对哪些赞美是真诚的，哪些是虚伪的，一下子就能辨别出来。在赞美对方时，也只有真诚的表达和展现才会让人感到衷心的接纳和认可。而且当我们真诚地赞美对方时，传递出的信息也是我们真实地欣赏和尊重对方的特点、成就或努力。这种真诚的赞美才能让对方感到我们对他真心的关注，也真心地认可他们的优点以及他们在某个领域做出的努力、取得的成就等。

二、赞美要从细节和具体的点入手

哪怕是很优秀的人，内心深处也是渴望被人关注、被人赞美的。但如果你的赞美“出击面”太大，往往起不到什么效果。比如，“你的学识很渊博”“你好厉害”“你的成就很大”等等，这些赞美都太肤浅了。面对这样的赞美，对方只会觉得：你能用这样的话赞美我，也可以这样赞美别人。换句话说，这样的赞美就是不走心的。

人都喜欢被“特别”对待，这样才能让自己的虚荣心获得满足。因此，你的赞美一定要“量身定制”，从对方身上的一些细节或具体的点入手去赞美，这样对方听了，才会感觉你是在真正关注他，你的赞美也是真挚的。

比如，对方读过很多书，很有学识，你可以赞美他渊博、儒雅、观点深刻等，而不要直接赞美对方读书多。对方有某项兴趣爱好，你可以赞美他眼光好、爱好广泛等。

三、赞美对方能控制和能选择的事情

生活中有很多事情是人为的力量不能控制和选择的，比如出身、外貌、身高等，这些先天条件都是无法控制的。当然，面对长相好、个子高的人，你也可以赞美他们的这些特点，但这样的赞美往往不能给人留下太深刻的印象，因为这不是靠自己的努力换来的。对于自己没有付出心血的东西，人们是不会有太多感受的。

而有些事情是可以控制和选择的，比如习惯、想法、独特的见解、做事风格等。这些都是后天修炼的结果，为了这些结果，人们也会付出很多努力。这些就可以成为我们赞美的点。

比如，你赞美一个人身材好、气质好，就会让对方很受用，因为好的身材是他坚持锻炼、坚持遵循健康的生活习惯所换来的结果，好的气质是他平时多读书、多学习慢慢形成的。这时，你的赞美就相当于他身上坚持、自律的闪光品质被你看见、被你赏识了。这是一种脱离了表象的、更深层次的赞美，它上升到了一个人的品行，甚至是你与对方在人生价值观方面的一致性。这种高级的赞美与赏识，自然会让对方感觉很愉悦，甚至会产生一种“高山流水觅知音”的感觉。

赞美是这个世界上最优美的语言，也是实现向上社交最有效的手段之一。它在让人身心愉悦的同时，更能让人充满勇气和力量，而且被赞美的一方还将从你这里获得的正能量回馈过来，对你产生好感和信任，从而愿意与你进一步交往。

在闲谈中传递自己的价值

社交活动是一个相互满足需求的过程，很多人可能认为这是一种不恰当的说法，但需求本身就是一件很人性化的事情。每个人都有各种各样的需求，人们有社交需求，有自己的社交意念，都是因为社交活动可以为自己带来物质、精神或情感上的满足。

好莱坞每年都会举办各种名流派对，一些顶级富豪每年也都会举行各种宴会，参加这些活动的人并不都是为了联络感情，很多时候都是带着事业和生意上的需求。在派对或宴会上交谈，往往更容易获得有价值的信息。即使是平常人，也会通过社交活动来维系感情，满足自己的某些需求。比如，销售人员会通过各种活动出售自己的产品，商人希望找到更合适的合作伙伴，普通职员想要获得展示自己、证明自己的机会……每个人都有明确的社交需求和目标。

当然，为了实现向上社交，或者确保双方可以进行更有意义的交谈，我们不能在社交活动中直接对别人说“你帮帮我吧”“我们能不能一起合作”“我希望你能给我一个机会”等，而是通过闲谈彼此了解，并在此过程中努力传递自己的价值，即“我有什么”“我能为你带来什么”。

比如，销售人员为了拉拢顾客，一般不会直接说“我有什么产品”“我的产品怎么样”“我建议你使用这款产品，它的功能十分强大”，而是重点突出“我能给你带来什么好处”“我的产品能给你带来什么价值”等内容。

社交活动也是一样，我们不能直接跟对方简单地陈述某种事实，而是在闲谈之中展现出自己的价值，让对方知道我们能给他带来什么好处，以此让对方更加关注自己，引起对方继续交谈的欲望。

有一本外文书叫《Give And Take：A Revolutionary Approach to Success》，其中将人际网络中的人分为三类，一类叫 Giver（给予者），一类叫 Taker（接受者），还有一类叫 Matcher（匹配者）。其中，能在社交活动中收获最多的就是 Giver，他们可以为别人提供价值，可以让别人感受到与他们交往是有价值的，所以也会愿意与他们主动交流，建立连接。不仅如此，Giver 还会想方设法地了解对方的需求，并重点谈论对方的需求，以此作为展示和传递自我价值的铺垫。

但是，有些人在社交过程中却意识不到这点，他们热衷于各种各样的社交活动，比如各种讲座、论坛、聚会等，每次也都会跟参加活动中的人积极攀谈，还会跟对方要来联系方式。在社交中，他们还经常对别人说“我认识某某”“我跟某某是朋友”，但实际上，他们口中的这些成功人士、行业大佬等，与他们可能根本没有实质性的交往，只是交换了一下联系方式而已。对方也不会把他们纳入自己的社交圈，因为他们对这些成功人士、行业大佬来说根本没什么“价值”。他们既不是行业里的佼佼者，也没有很强的人脉网络，不能与别人形成互惠互利的关系。这样的人，怎么可能实现向上社交呢？

由此可见，没有价值交换的人脉关系就像是空中楼阁。只有善于在社交活动中展现出自己的价值，才会有人愿意与你结交。

那么，我们该如何在社交活动中通过闲谈的方式展现和传递出自己的价值呢？

一、直接展示和传递

在闲谈过程中，你就可以直接说出自己所具有的优势和价值，让对方知道与你深入交往是可以获得一定利益的。

但是，这种方式具有一定的风险，那就是别人可能会认为你在吹牛、讨好，或者是在故意炫耀自己。这时即便你真的具有某种价值，在别人眼中也变成了低价值。

所以，如果你想通过直接的方式传递自己的价值，最好能有上下文的联系，让自己展现出来的价值具有一定的合理性。

比如，当你跟对方谈论有关旅游的话题时，对方表示不知道该去哪里玩，你就可以直接说："我去年去欧洲玩了一圈，感觉那里很不错。"然后可以简单介绍一下你在欧洲旅行的美好经历，并适时地向对方推荐几个好的景点，这样就更容易让人信服。而且，你把自己的旅行经验分享给对方，还会让对方感觉到你的丰富阅历、文化素养等。

二、间接展示和传递

如果你和对方的闲聊走向无法让你展示自己的高价值，那么你可以尝试做"领头羊"，将谈话引向你想要的方向发展下去。

比如，你是一个户外俱乐部的成员，这个户外俱乐部平时会进行一些徒步、爬山、攀岩等刺激性的运动。这个活动可以体现出你热爱运动、富有冒险精神等高价值的特质。但你和对方的闲谈中没有涉及这方面的内容，这时你就可以借中间交谈停顿的片刻，假装插一句话，询问对方："您的身体看起来很好，平时很喜欢健身吧？我们俱乐部里的人都是一些特别喜欢健身的人。"这时，对方的好奇心就会被调动起来，可能会顺着你的话问道："是什么俱乐部？"你可以继续回答："是一个户外俱乐部，主要组织登山、攀岩等极限运动。"沿着这个话题，你就能跟对方深入沟通，同时展现出自己的价值。

如果俱乐部中刚好也是很优秀、很厉害的人，并且与你关系很好，你也可以趁机把这个信息传递给对方。如果对方对这个人或他的价值很感兴趣，你还可以在中间牵线搭桥，介绍双方认识，这也是你的一个价值体现。

罗振宇在2022"时间的朋友"跨年演讲中，举了一个建立社交关系非常简单的例子：怎样发朋友圈，才能交到更多的朋友呢？有一条朋友圈是这样发的："刚给自己做了一顿饭。想吃吗？拿好东西来换。"

罗振宇说，不要小瞧这句话，它同时暗含了三层意思：

第一，我会做饭，我是个有生活情趣的人，这是在呈现价值感；

第二，我邀请你来吃饭，这是在呈现连接性；

第三，我也希望你有独特的价值，这是有筛选项。

在向上社交中，我们就要学会用这种很轻松、很自然的方式来寻找与别人接触的端口，传递自己的价值。在这个过程中，即使你与对方不能直接交换某样东西，对方也会基于某个需求主动向你靠近，为你们的进一步交往奠定基础。

第五章 自我提升，向上社交更持久

丰富知识储备，加强聊天能力

通常情况下，人们对于向上社交的认识仅仅停留在如何跟对方攀上关系，如何让对方为自己提供人脉和资源上，却没有想过，自己作为社交活动的主要参与者，更应该学会如何与对方深度交流，如何为对方提供一定的价值。社交活动本就是一场需要相互吸引的活动，谁的能力强，谁的价值高，谁在社交活动中就更受欢迎。正因为如此，想要实现向上社交，必须不断提升自己的各项能力，丰富自己的知识储备，才能让自己在社交活动中如鱼得水。

一般来说，一个擅长社交的人，一个善于进行向上社交的人，往往都具有丰富的知识量。这样可以适应更多的话题，参与到社交的各种对话之中，并对不同的主题提出深入见解，从而与对方建立更强的联系与互动。社交不仅是要建立人际关系，还需要帮助我们获取更多的信息和资源，而知识丰富的人可以通过与不同领域的人交流，了解到更多的观点与经验，同时还可以获得对方的关注与青睐。毕竟与一个知识量丰富的人聊天，和与一个知识匮乏、信息闭塞的人聊天，前者更有意思、更吸引人，后者则是枯燥乏味。

炎樱是作家张爱玲年轻时最好的朋友，后来她们两人都去了美国，住在不同的地方。一开始，两个人还互相通信，但几个月后，张爱玲就不再给炎樱回信了。作为一个幸福的家庭主妇，炎樱很希望能与张爱玲多通信，甚至多见面，保持着像原来一样的友谊。但张爱玲的回答却是："永远都在聊 30 年前的事，有什么意思？我还有很多书要看，有很多文章要写。"

张爱玲的态度用一句话总结起来，就是：我的时间不想浪费在你身上。因为张爱玲已经在向前看，不断地上升，而炎樱还生活在原来的层次中，没有成长。在这种情况下，炎樱想向上社交自然就会变得很困难。

这就提醒我们，在向上社交过程中，一定要让自己保持持续成长和不断提升的状态，不断增长自己的新知识、新经验，这样才能在遇到比自己优秀的人时，可以与对方深入地聊天，与对方建立稳定的关系，为自己进一步的成长和发展奠定基础。

著名武侠小说作家金庸，年轻时便才华横溢，知识渊博。大学期间，他看到上海《大公报》招聘电讯翻译，名额仅为两人，报名人数却超过了 3000 人，竞争的激烈程度可想而知。但金庸经过反复考试筛选之后，从众多竞争者中脱颖而出，顺利地考取了这个岗位。

在《大公报》工作期间，金庸除了完成自己的本职工作，还发表了多篇与他当年所学专业国际法相关的论文，这些论文内容翔实有据，侃侃而谈，很快便引起了当时学术界权威梅汝璈的赏识。梅汝璈看了金庸的文章后，就联系金庸，说自己正需要一位既懂英文又懂国际法的助手，问金庸愿不愿意担任。

金庸当然很愿意去，毕竟跟随梅汝璈工作可以更好地展示自己的才华和抱负。虽然最后未能成行，但金庸还是借此机会，在中国人民大学进修了一段时间，获取了很好的资源和人脉关系，为他后来创办《明报》，以独特的政局视角吸引了大批同他观点相似的优秀知识分子，打开香港市场，奠定了基础。

对于想向上社交的人来说，知识的积累与储备就是提升个人社交能力、提升社交高度的基础。如果你想赢得更多优秀人士的关注和青睐，就必须确保自己可以输出更多有价值、有意义的内容。人们都希望通过与有知识、有内涵的人交流，让交流过程更富有信息价值。而有了丰富的知识储备，你就可以令沟通、聊天的内容更加丰富和富有含金量。只有这样，你们才能更好地与比自己层次更高的人进行交流和合作，获取更多的资源和机会。

那么，我们要怎样丰富自己的知识储备和加强聊天能力呢？

下面是一些具体的建议。

一、坚持阅读

在社交活动中，一个人的谈吐会向别人传递出很多东西，如他读过的书、走过的路、做过的事情，以及他的思维方式、为人处世的方法等。所以，社交就是一个人思维方式的反映。而一个懂得其他人不懂的知识、拥有其他人没有的宽广视野的人，在社交中也会非常有魅力、吸引人。

要达到这个目的，平时就要坚持阅读，博览群书，尤其要多读一些能够丰富知识、增长见识的书籍，通过阅读来汲取营养，同时也可以开阔自己的思路和视野。这样的人，在社交中会很受到欢迎。

二、寻找好的导师，并向其学习

当今是一个知识爆炸的时代，打开电脑、手机，五花八门的知识付费软件、网络课程等，隔着屏幕就会向我们招手。这些知识可能会为我们带来一定的帮助，但帮助十分有限。

掌握知识固然重要，找到合适的学习对象更加重要，因为他能帮助你少走弯路，快速提升。所以，与其到处寻找学习途径，不如找到一位好的导师，跟随导师耐心学习。当然，导师的能力必须比你强，视野比你宽广，思维也比你活跃。找到这样的导师，并向其学习，你就相当于站在了巨人的肩膀上，可以看得更高、更远，掌握的知识也更扎实。这样自己在向上社交时，与人沟通、交谈的水平和能力就会大大提升。

三、多交与自己的知识和信息互补的朋友

平时可以有意识地扩大自己的朋友圈，结交一些不同领域的朋友，这将有助于你拓宽眼界，丰富知识储备。如果你的朋友圈中

都是跟你相熟的朋友、同学或家人，那么你的知识量也很容易局限在这个范围之内，所获得的信息重复率也会很高。从某种程度上来说，这会阻碍你的发展。

社交活动必须是动态的，你与他人共享资源，共同成长，发展空间才会更大。所以，平时不妨多参加一些有意义的社交活动，或者加入一些兴趣小组等，结识更多不同领域内的人，学习他们具备的知识和能力。通过与不同领域的人交往，可以帮助你了解更多的文化和观念，拓宽自己的思路和视野。

需要注意的一点是，让自己保持学习的态度是一件很值得提倡的事，但学习不宜广撒网。真正能提升自己能力的学习，应该是在自己擅长或感兴趣的事物上进行的，而不是什么知识都想学，却什么都学不精。只有专注于提升某一方面的能力，才能真正建立“属于自己的领域”。全能超人不好当，弄不好还会适得其反，不仅自己被弄得疲惫不堪，不够精湛的技艺也无法引起他人的关注和重视。

真正会学习的人，往往会将自己工作范畴内的某个方面作为着力点，有针对性地学习相关的新知识、新技能。而不是随波逐流，看到别人学什么，自己也学什么。只有通过有效的学习和实践，我们才能更好地掌握向上社交的技巧和方法，建立更加紧密的人际关系，实现自身的价值和发展。

■ 信守承诺，保持个人好形象

中国有句古话叫“人无信而不立”。诚信是一个人的立身之本，也是建立人际关系的关键，更是向上社交过程中必须践行的准则。如果我们做人不够诚信，不能信守承诺，就无法获得别人的信任，别人就会远离我们。

苹果公司创始人乔布斯以其创新思维和坚定的决心而闻名，但他其实还是一个非常信守承诺的人。尤其在与朋友交往过程中，他都能始终如一地遵守自己的诺言，帮助和支持自己的朋友。这一品质也让朋友们对他十分信任和依赖，从而建立了深厚的友谊。

我们在与人交往过程中，也要遵守自己的每一个承诺，不能因为疏忽大意而失信于人。人与人之间如果丧失了信任，就无法再建立互惠互利的关系，想实现向上社交也会变得更加困难。

在向上社交的场合里，我们有时也会做出一些承诺，想以此赢得对方的认可和信任，拉近与对方之间的距离，成功地与对方结交。哪怕明知道自己很可能做不到，为了不影响自己与对方的关系，也会暂时答应下来，想着之后再想其他办法解决。如果实在解决不了，就找个借口搪塞对方一下。

殊不知，这种想法很容易破坏你与对方的关系。如果最后你通过努力解决了问题，那当然皆大欢喜；但如果你根本就做不到，只想给对方一个态度，事后再搪塞对方一下，那么你很可能会被对方拉入“黑名单”。因为在向上社交过程中，对方是很看重信守承诺这一点的，而你做不到，就相当于失信于人，对方在你身上看不到实际的价值，又凭什么与你继续交往呢？

新东方的创始人俞敏洪在谈到自己多次创业成功的经验时指出，自己的成功与讲诚信有很大的关系。他说："因为你诚实敦厚，朋友就会相信你；因为你信守承诺，客户就会追随你，愿意跟你合作。"

2012 年时，新东方曾遭到一家公司的攻击，该公司指出新东方的财务数据造假、教学区造假、学生人数造假等。这一消息爆出后，新东方的股价从原来的每股 20 多美元一下子跌到了 9 美元多。毫无疑问，这对新东方来说是一次重大打击。

虽然俞敏洪心里有底，新东方并没有造假，但股价下跌也确实给公司带来了很大的伤害，也会造成股东的损失，引起股东不满。所以，俞敏洪必须尽快把新东方的股价稳住。可要让国外的大机构或者个人去购买新东方的股票又是完全不可能的，在这种情况下，他必须找到了解新东方、对新东方完全信任的一批人来购买新东方的股票。

于是，俞敏洪召集了国内的一批企业家朋友，包括马云、柳传志、郭广昌等人，和他们一起吃了顿饭。在吃饭期间，俞敏洪就跟几位大佬讲了新东方面临的困境。这几个人就问俞敏洪："对方公司对你的指责是不是真的？我们充分相信你。如果是真的，我们和你一起想办法解决；如果不是真的，也就是你百分之百是诚恳的，那我们就来买新东方的股票，帮你把股价拉回来。"

俞敏洪当即表示：新东方从来没有做过假账，这是我的底线。

当天晚上，一些机构便买入了3亿美元新东方的股票，将新东方的股价从9美元拉到了12美元左右，帮助俞敏洪渡过了难关，也让新东方恢复了元气。

两年后，根据美国SES调查结果显示，新东方的假数据为0。

现在看来，正是俞敏洪的守信行为为他赢得了几位商界大佬的信任和帮助，他也因此获得了市场的认可。

可见，在向上社交过程中，信守承诺是不可或缺的一项原则。

不过，承诺也不是随随便便就能做出的。尤其在向上社交时，更要谨慎对待。

一、承诺前要深思熟虑

做出承诺容易，实现承诺却有可能很难。在向上社交中，即使我们很想与某个人结交，当对方向我们提出一些需求时，我们也不要轻易做出承诺，而是先在内心里思考一下：这件事是不是在自己的能力范围之内？自己能不能顺利地办好这件事？到底能有几成把握？如果深思熟虑之后，发现自己并没有十足的把握，或者根本没有能力实现，那就绝对不要答应对方。否则，一旦你无法实现承诺，就会使自己的形象受损，同时还会耽误对方的事。更重要的是，对方会因此认为你是个不守信誉的人，不值得结交。

所以，不论我们多想结交某个人，在做出承诺前都必须先综合自身情况，合理控制对方的预期。

二、承诺要在约定时间内完成

在给对方承诺时，一般会有一个时间期限，比如你承诺两天内帮对方做好某件事，那么就一定要在两天内完成，不要拖延。

为了避免忘记自己承诺下来的事情，你可以把这件事记录下来，以此提醒自己，必须尽快完成，不要耽搁，否则可能就要承担失信的后果。

三、承诺要给自己留有余地

在向上社交时，如果你想向对方做出承诺，为了避免意外情况发生，也要适当地为自己留一条后路。哪怕你真的可以做到，也不能把话说得太死。

比如，对方请你帮忙购买一样东西，虽然你能帮他买到，也不能说“放心，绝对帮您办好”，而要说“我尽量帮您买到，但不能百分百保证”，这样就给自己留下了余地。即使后面遭遇突发情况，你没有办成这件事，也不算是失信于对方。

四、做不到的事要敢于拒绝

有些人觉得，一旦拒绝了对方，可能就会被对方轻视，认为自己能力不行，所以只能硬着头皮承诺对方。殊不知，一旦你完不成，你在对方心中的形象就会大打折扣，对方对你也不再有交往的意愿。与其如此，倒不如一开始就拒绝对方。

当然，为了不伤害对方的面子，在拒绝时可以委婉一些，比如可以告诉对方，自己很想帮助对方，但实在是自己能力有限，无法帮对方达成心愿。或者给出一个模棱两可的答案，比如告诉对方，以后有机会的话，自己可以试一试。至于多久才有机会，那就不由自己的意愿决定了。这也是一种委婉的拒绝方式。

总而言之，在向上社交时，我们必须认真、严肃地对待承诺这件事。只要做出了承诺，就必须要遵守，这才能显示出自己对对方的重视，也可以让对方看到自己的能力和价值。如果感觉自己做不到，或者没有把握，就不要轻易承诺，以免最后没有遵守承诺，影响自己在对方心目中的形象，影响彼此的正常交往。

保持坦诚，构建人际交往基础

心理学家约翰·鲍威尔在《为什么我不敢告诉你我是谁》一书中，曾提到沟通的五个层次，这五个层次基本也是社交活动的五个层次。

第一个层次是陈词滥调打招呼——“最近怎么样？”“你看起来气色不错啊！”

第二个层次是关于他人的事实的陈述和报道——通常是从别人的谈话中引申出来的事实，这类话题在社交活动中一般不会引发矛盾和冲突。

第三个层次是意见和判断——人们有理由表达自己的想法和判断，但为了确保沟通顺畅，就需要懂得主动迎合对方的口味和需求，以达到求同存异。

第四个层次是感受与情绪——分享隐藏在意见和判断内部的

感受、情绪，向对方表达自己的感情，让对方感受自己的价值。

第五个层次是坦诚沟通，形成默契——主动分享自己的想法，利用真诚的态度来打动对方，一旦产生分歧，需要回归到事实层面。

通过这五个层次的分析可以看出，在社交和沟通中保持坦诚，是构建人际交往的基础，也是社交最理想的状态，更是向上社交的一种理想状态。世界上任何一个人在人际交往中，都希望对方能对自己坦诚相待，而不是口蜜腹剑、虚与委蛇。同样，坦诚地对待他人，也是我们能够吸引他人的品格之一，它可以让我们赢得别人的信任和尊重，并在一定程度上帮助我们成功实现向上社交。

有些人可能觉得，在人际交往中太过坦诚，心里怎么想的，嘴里就怎么说出来，是不是过于随性，甚至有些口不择言了？

事实上，人际交往中的“坦诚”并不能这样理解，而是在与人结交时做到坦白、诚恳，既要做到言之有理，也要做到行之有节，而不是见风使舵，阳奉阴违，这是完全无益于人际关系的。真正的坦诚应该是使交往更加轻松、愉快，令人感觉心怀坦荡、如沐春风。

著名数学家陈景润在精心研读数学家华罗庚的名著《堆垒素数论》时，发现了一个令人难以察觉的错误。陈景润当时很困惑：这到底是华罗庚的笔误，还是自己知识浅薄、没有理解透彻呢？为此，他对这道题目反复验算，最终确信自己的见解更有助于改进这个问题。于是，他提笔写了一篇论文，并附上一封信，坦诚谦和地对华罗庚说：“明星上落下的微尘，我愿帮你拭去。”

陈景润的做法就非常坦诚，同时言语上又非常谦虚，哪怕他指出了对方的不足，对方看了也不会生气，甚至还会赞赏陈景润做事坦诚和谦虚的态度。

在向上社交过程中，我们也要保持坦诚的态度。只有保持坦诚，主动向对方分享一些信息和资源，才能赢得对方的信任，与对方建立起交往的互信原则。

再看这样一个小故事。

冬天来了，天气寒冷，两只刺猬都冻得瑟瑟发抖，决定靠近取暖。但它们刚一靠近，身上锋利的刺就把对方刺得鲜血淋漓。两只刺猬不得不分开，可分开又太冷了，它们忍不住又靠近，又被刺伤……

在经过多次尝试后，它们找到了一个办法，这个办法既能让它们互相取暖，又不至于刺伤彼此。这个办法就是用自己的肚皮靠着对方的肚皮，这样就暖和多了。但前提是，两只刺猬必须坦诚相待，才能让彼此都受益。

很多人在社交过程中会担心，如果把自己的真实想法或负面的评价说出来，很可能会得罪别人。殊不知，在社交中缺乏坦诚才是最得罪人的行为。尤其在向上社交中，如果你为了结交对方，故意对对方有所隐瞒或撒谎，一旦被识破，你的社交之门也会因此而关闭。

当然，有时我们不愿意直接说出自己的想法或观点，可能真的是因为这些实话说出来会伤害对方，或者让事情变得更糟。遇到这样的情况时，我们到底要不要坦诚呢？

这就需要我们注意在向上社交中如何把握坦诚的一些要领。

一、保持坦诚需要恰当的内容

在向上社交过程中，我们会遇到各式各样的人，也会谈论各种各样的内容。在这个过程中，有些内容我们需要向对方保持坦诚，比如我们坚守的原则、想法，将这些坦诚地表达出来，有助于我们增进彼此间的了解，消除内心的不平衡感，为进一步社交奠定基础。

但是，有些内容也不必完全坦诚，比如与当前讨论话题无关的内容，即使我们坦诚表达，对彼此增进了解也没有什么帮助，不坦诚反而不会造成心理负担。这时，我们可以选择不坦诚。

另外，在社交活动中，有些人会成为我们的朋友，有些人则不见得会与我们真心相交。面对后一种人，我们也没必要将自己的想法、观点等毫无保留地告诉对方，否则不但不会赢得对方的重视和关注，还可能给自己带来麻烦。

二、学会在正确的时机和场合展现坦诚

在向上社交时，我们可能会遇到一些容易引起争论的话题，或者一些话题在特定的场合中不适合讨论，这时即使有想法，也要学会控制自己的情绪，而不是不分时间、不分场合地“坦诚”。你可以选择在其他更合适的时间和场合，再去向对方表达自己的意见和想法。

三、学会保守秘密，杜绝谣言

只有谨言慎行的人，才是值得信任和交往的，因为他们不会传播谣言，也不会随便泄露别人的秘密。别人把秘密告诉我们，是对我们的信任，我们不能辜负他们的信任，并且我们也有为对方保守秘密的义务。

所以，即使我们在社交活动中要保持坦诚，也不能随便泄露别人的秘密，更不要向外传播谣言，这都会破坏我们在人际交往中的形象。

四、保持坦诚需要正确的技巧

在向上社交过程中，如果对方的观点与我们不同，我们也要尊重对方的个性和观点，不要因为自己的想法与对方不同，就试图强行改变对方的观点。

同时还要注意，在交流中，当我们想表达不同的想法时，可以运用一些技巧来表达。比如，多使用“我怎样怎样”来表达自己的观点，而不是使用“你怎样怎样”来指责对方；在表达不同意见时，可以使用“和而不同”的方式，即尊重对方的观点，同时表达自己的不同想法。

此外，在沟通中，我们也可以运用一些非语言的技巧，如眼神交流、肢体语言等，来增强交流的效果。

富兰克林曾说：坦诚是最明智的策略。这句话用于向上社交同样合适。如果我们在向上社交时不够坦诚，而是选择欺骗、撒谎，一旦被对方识破，我们就完全失去了长久维系彼此关系的能力和机会。相比之下，保持坦诚不仅更容易赢得对方的信任，还能让我们在一定程度上掌握社交的主动权，从而让自己更有机会实现向上社交。

■ 把握好社交阈值，做到适可而止

英国学者罗宾·邓巴曾提出过社会脑进化假说，认为灵长类动物在进化过程中形成了社交的能力。负责处理复杂与抽象思维的大脑皮质在大脑中所占比例越大，它们处理“社交关系”的能力就越强，但这同时也意味着存在上限，因为任何动物的大脑容积都是有限的。比如，狒狒平均可以与 50 个同类形成互动的“狒脉”。

相比之下，人类的认知能力要比动物更强，因此建立社交人脉的能力也比动物更强。但是，这并不意味着人类可以结交无数人。研究发现，人类平均可以与 150 人维持稳定的社交互动。换句话说，一旦超过这个范围，互动将不再有效，也很难通过自身努力来促进双方关系的进一步发展，除非放弃与其他朋友关系的维系。基于 Facebook 社区用户的研究也表明，人们可能拥有 1500 名社交网站“好友”，但只能在现实生活中维持约 150 人的“内部圈子”。在这个圈子里，人与人之间才能显著地产生相互影响。

这就涉及社交阈值的问题。所谓阈值，指的是一个效应能够产生的最低值或最高值。人是一种社会性动物，在社会活动中，人们为了满足各方面的需要，就必须与他人建立各种联系。但是，这并不意味着建立的联系越多越好，当达到一定的阈值时，人们对自己当下的社交关系最为满意；但超过这个阈值，就可能会感觉被各种社交活动所累，对自己的状况也开始不满意。

向上社交同样存在社交阈值现象。也就是说，当我们结识的人越来越多，超出社交阈值，结交的人脉就可能逐渐变得无效。这相当于只关注于“量”，而忽略了“质”。用现在比较时髦的术语来说，缺乏精准的社交概念，结果导致社交活动成本过高，收益减少。这就提醒我们，相对于结识更多的人来说，我们更应该注重社交的质量，这样才能在降低成本的同时提升社交效果。

同时，社交也不宜过度热情。热情过度，不但会消耗自己的精力，还可能遭到别人厌烦。好的关系一直走下去，都是掌控好度的结果。恰到好处的热情，才是关系长久的催化剂。

有着“中国巴菲特”之称的著名投资人李禄，是巴菲特和查理·芒格都非常器重的人。2003 年，李禄在加州认识了巴菲特的搭档查理·芒格，两人相谈甚欢。在交谈过程中，李禄把自己在投资和管理基金过程中遇到的问题告诉了芒格，芒格热切地给予他解答和建议。之后，查理·芒格还给李禄的基金投资了近 1 亿美元。而李禄也遵循查理·芒格的价值投资法，将基金转为长期投资，不但为自己带来了良好的收益，还成为查理·芒格最信任的基金经理人。

2008 年，李禄又牵线股神巴菲特投资比亚迪。巴菲特当时以成本价每股 8 港元买入了 2.25 亿股比亚迪 H 股，耗资 18 亿港元，持股时间长达 14 年。直到 2022 年，巴菲特才开始逐渐减持。

在与查理·芒格和巴菲特交往过程中，李禄总是保持着一定的距离。身边的人都劝他多跟两位投资大咖接触交流，可以让自己获得更多的资源，但李禄并不这样认为。事实上，他平时与巴菲特和查理·芒格沟通并不多，只有出现重大投资项目，或者遇到重要问题时，才会跟他们沟通商讨。也正因为如此，他与二者的关系反而更密切，也更赢得了两位世界级投资大咖的信任。查理·芒格甚至把自己的家族资产都交予李禄管理。

李禄的社交准则，就是与对方适当把握尺度，既不刻意讨好对方，也不会频繁地接触对方，向对方索要资源。这种有分寸的社交行为，反而让他赢得了对方的信任和尊重。

这也提醒我们，在向上社交过程中，我们一定要弄清自己为什么要社交，要与社交对象保持怎样的关系，以及为什么要保持这样的关系。千万不要为了社交而社交，一门心思地想着进入对方的社交圈，获得更多的社会资源，那只会适得其反。

所以，我们可以寻找各种机会向上社交，但也不要把向上社交当成是负担，在上面花费太多的时间和精力。我们花费的时间和精力越多，人脉圈越大，社交就越无效，并且无形中还会增加社交焦虑，降低获得感。这反过来又促使我们在社交上花费更多的时间，最后陷入无休止的恶性循环。

真正有效的社交，是要把握好社交阈值，做到以下几点。

一、以社交效能为准则，而不是以社交人数为目标

人数从来都不是衡量社交水准的条件。有句话叫“量变引起质变”，但这句话用在向上社交中并不恰当，因为与过多的人建立

社交联系的成本是非常高的，需要你花费很多的时间和精力来维护。而且建立过多的联系，你很难周到地照顾到所有人，这又可能引起一些人不满。

事实上，能够与我们建立密切社交关系的人只是少数，我们完全没必要把太多的精力放在更多人身上。与其在这么多人身上花费大量的时间和精力，倒不如努力提升自己的能力，去与更有价值的人建立关系。

二、与较少的人建立强关系

通常来说，强关系的价值是很多弱关系无法比拟的。在工作和生活中认识的普通朋友，可能只能一起吃吃饭、聊聊天，但如果要解决一些重要的问题，他们可能并不是最佳人选，你还需要寻找强关系的人来帮忙。

强关系的数量不要太多，能有几个在关键时刻互帮互助的，就可以成为我们人生的助力。

三、定期调整社交定位

在建立任何向上社交关系时，我们都需要明确自己为什么要与对方建立联系，或者说，对方是不是符合我们的社交定位，我们与对方是否处于同一个社交网络当中。

不要小看这些问题，它们可以决定我们在之后的社交过程中，是不是会后悔把更多的时间和精力分配到这段关系当中。如果建立一段关系的成本和收获不对等，或者相差太多，那么这种消极的后果就会让我们感到懊恼。因为这种损失是不可逆的，我们无法从对方身上找回那些损失的时间和精力。

事实上，真正懂得社交的人，不会盲目地拓展自己的人脉关系，也不会过分追求其中的利益。他们通常会根据自己的需求和未来的发展，适当地评估自己在建立一段社交关系时的可能性与稳定性，然后为自己的社交活动做好规划，把握好社交阈值，再带着坦然的心态去面对社交。

建立多元化、多层次的社交形式

每个人都有不同的社交模式，也都有不同的社交对象，而且面对不同的社交对象，会采取不同的策略与方式。之所以如此，往往与个人拥有的社交层次有关。

社会人际关系学家认为，人际关系可以分为三个基本层次。

第一层是相关联系，即彼此之间不认识或不怎么熟悉，只不过通过媒介或一些偶然因素产生了交集。这样的社交双方没有稳定的情感和稳定的关系，但经常会有一些利益上的交集，因此在短时间内可能会建立比较密切的关系，甚至成为朋友、伙伴，但更多时候随着目标的达成和利益的满足，双方的关系慢慢疏远和淡化。

第二层是共同联系，双方的关系一般是建立在拥有共同经历的基础之上，拥有共同的联系人，或者有过一起生活、学习和工作的经历，这种经历使双方相互了解、相互依赖、相互帮助，从而建立起了比较稳定的、亲密的联系。但相比于家庭内部的稳定关系，共同联系更多的是依靠后天的情感培养，比如同学、同事、朋友等。

第三层是稳定关系，从字面意思就可以看出，这种关系中的双方稳定性、和谐度都比较高，并且彼此间的关系不会因为外界环境的变化而受到影响。一般来说，父母、兄弟姐妹、亲戚之间具有血缘关系或宗族关系的群体所形成的社会关系，就是一种稳定的关系。这一层次的人际关系是所有人际关系中最稳固，也是个人最看重且影响最大的一种社会关系。

以上人际关系的层次是依据距离来划分的，不同的距离决定了不同的人际关系，但一些社会学家和心理学家还提出了另外一种划分方式，也分为三个层面，即角色关系、情感关系和深度链接关系。

首先，角色关系是指人们在社会生活和社交生活中所扮演的角色，比如领导与员工、服务者与客户、销售者与消费者等。这些关系都与彼此扮演的角色有关，只有当自己的角色满足了其他人的需求，而其他人的角色也迎合了自己的需求时，双方的关系才会更加和谐稳定。

其次，情感关系是指以情感作为维系彼此关系的基础，如父子之间的关系、朋友之间的友情、商家与合作者之间的合作感情等。情感是人际关系中一个重要因素，情感关系的好坏也决定了彼此之间的社会关系。一般来说，人们会通过强化情感关系来提升彼此间的联系，情感也是双方进行深入交流的一个利器。

深度链接关系与角色关系、情感关系不同，它更侧重于相似性和互补性。所谓相似性，就是交往双方之间存在一些共同点，比如性格趋同、目标一致或具有相似的生活经历等，这些相似性会让陌生的双方产生更多的互动；互补性则是说双方之间存在性格互补、能力互补、角色互补等特点，只有双方结合在一起，或者进行合作，才能将彼此之间的优势发挥出来，并且能够有效克服彼此的缺点带来的问题。互补性更重视彼此间的配合，并且这种配合对双方都有利，能够满足双方的需求，所以会对人际关系的亲密度、稳定性等产生积极影响。

由此可见，不同的社交形式可以产生不同的效果，也能够满足不同的社交需求，而多数人也恰恰都是有不同的社交需求的。比如，有的人想学习更先进的工作方法，那么就会考虑与行业内的精英建立社交关系；有的人想结交更多志同道合的朋友，或者寻找到一起生活、工作或共同成长的伙伴，就需要接触更多不同圈层和地位差不多的人。因为有了这些不同的需求，人们就需要建立多元化、多层次的社交形式。向上社交只是这些社交形式中的一种，在积极建立向上社交的同时，我们还需要接触更多的社交圈层，满足不同的社交需求。可以说，我们朋友圈当中的每一种人，都有其特定的社交价值，都不能忽视。

多元化、多层次的社交形式可以为我们带来很多好处。比如，多元化的社交可以为我们增强社交网络的吸引力和活力，不同文化背景和生活经历的人可以为我们的社交网络带来不同的信息和观点，让我们可以更加全面地了解世界。而多层次的社交形式可以让我们更好地掌握社交网络中的信息和服务，与不同层次的人交往和互动同样能为我们提供更多的信息和资源，让我们更好地了解周围的人和事，从而更好地利用社交网络。

举个例子，假如你想拓展自己的社交网络，就可以通过加入不同的社交平台来实现这一目标。比如，你可以加入本地的一个社交平台，认识更多本地的朋友；你也可以加入一个兴趣爱好平台，认识更多志同道合的人；你还可以加入一个专业平台，了解更多的行业内信息和动态。通过这些方式，你就能建立一个多元化的社交网络，并从中寻找到可以实现向上社交的机会，或者获取更多的资源。

事实上，很多业界大咖、行业精英等，其社交生活都是非常丰富的，他们的社交名单中既有顶级的企业家、各类名人，也有一些从事与自己类似工作的朋友和同事，甚至还有很多处于创业中的年轻人。这种丰富的社交形式，也帮助他们获得了更多的资源和向上社交的机会。

这就提醒我们，在日常生活和工作中要学会建立多元化、多层次的社交形式。具体来说，可以参照下面的方法。

一、从观念上认同社交的丰富性

很多人在社交活动中，总是把向上社交作为唯一目标。其实在很多时候，其他社交形式同样有着巨大的价值，比如角色关系社交、情感关系社交等，也可以为我们带来工作上的帮助，或者带来生活上、情感上的满足。

二、多接触不同的社交圈层

在日常的生活和工作中，接触不同的社交圈层，结识更多不同性格、不同背景、不同水平的人，也能丰富我们的知识储备和社交层次，打开我们的视野，获得更多不同的社交体验。

三、根据自己的需求来安排社交活动

在很多时候，过度的无效社交可能会浪费我们大量的时间和精力，如果你不想在一些无效社交上耗费太多时间和精力，也可以根据自己的不同需求来安排各种社交活动，明确什么时候应该进行向上社交，什么时候可以进行平行社交或向下社交，根据自己的时间和精力做好规划和安排。这样，你就可以让每一次社交活动都具有各自的意义，既不会浪费太多精力，也不会错过有效的社交。

总而言之，多元化、多层次的社交活动对于我们结识更多的人脉资源、提升社交能力以及实现向上社交等都具有很大的帮助。积极拓展自己的社交圈，结识更多的朋友，与不同的人建立联系，我们才能更好地适应社会的变化和发展。

第六章

共情与信任，更容易获得关键机会

说话抓住关键点，事情办得更出彩

在谈到向上社交的时候，人们常常认为要与高位者保持更长的社交时间，建立更为细致和深入的沟通，才能充分展示自己的优势，与对方建立联结，并给对方留下良好印象。他们习惯将社交定义为谈话内容的堆积，认为更为烦琐的交流，是获得他人认同和青睐的关键；说话更多，能在有效时间内更充分地表达自己的观点，描述更详尽，就能输出更多信息，从而更轻松地说服对方。但显然他们都忽视了一点，言不贵多，而贵精，过犹不及，反招嫌。

事实上，向上社交的关键并不是你说了多少内容，而在于谈话中的有效信息和表达重点是否能精准传递给对方。高质量社交中，一个人的见识、能力、优势都不是依靠聊天内容量堆积出来的，更重要的是能否抓住说话的关键点，让对方在短时间内接收到你想传达的最重要信息。

工作和生活中，人们总想在向上社交时抓住表现自己的机会。

在会议发言环节长篇大论阐述自己的方案，在陪领导吃饭时滔滔不绝地讲述新闻热点，甚至在走廊和电梯间遇到领导，也要努力聊两句，不想错过在上位者面前刷“存在感”的机会。然而，这样的沟通只能让人陷入无效社交的陷阱。对于倾听者而言，你说的内容只是冗余、重复的废话，真正有价值的内容寥寥无几，而对方出于礼貌又无法制止你，心中不但不会对这段谈话产生好印象，甚至会觉得你是个思路混乱、做事不利索的“麻烦”人。所以，向上社交的过程中，说得多未必效果好，说话抓住关键点，把握对方关注点，能在三言两语中迅速清晰地表达重点，帮对方理清事情头尾，在快速社交中，将复杂问题简单化，才能让对方看到你的价值。

全球领先的世界级管理咨询公司麦肯锡就曾提出“30 秒电梯法则”，意思是要求员工在乘坐电梯的 30 秒钟内，就要将工作内容清楚地汇报给领导，能够明确地将所要谈论的主题告诉对方，同时阐明自己的观点和想法。工作中，短时间内表达清楚自己的观点和想法是十分重要的技能，尤其在面对客户时，你的话能否快速取悦和说服对方，决定了工作能否完成得漂亮和顺利。

有一位网友曾经在网上分享过这样一段经历，并表示当时只想快点逃走。某次她去商场选购护肤品，结果热情的店员追着她，喋喋不休地介绍她负责销售的产品：“女士，我看你是干性皮肤吧，你手里这款产品不适合你，给你推荐这款，特别适合你这种肤质。你可以好好看看，试用一下我手里这款产品。你看这成分表，里面特别添加了补水保湿新科技成分，特别适合你这种干性皮肤。或者你不知道，其实补水和保湿做好了，护肤就成功了一大半。现在有些小姑娘就喜欢用各种添加复杂的护肤品，说是有紧致、抗衰等作用，其实都不如做好补水保湿。你看我这皮肤，我今年都40多岁了，平时就是用这款产品，保湿力度好，干纹细纹都少了很多……”

见网友并没有购买意愿，这位导购接着拉住网友说：“给你试用一下，你感受一下这套产品的肤感，绝对比你以往用过的护肤品都舒服！你用一段时间，跟朋友闺蜜对比一下，皮肤状态一定比她们好，你信不信？而且，美女，你今天买这套产品，我还能额外赠送给你……”

听到上面这段对话，相信不只是这位网友，任何在现场的人都只想赶紧逃离，不想继续被这位售货员疯狂推销。本来这位售货员可以快速介绍自己负责产品的优势，针对顾客需求推荐对方需要的产品。但她却以这种长篇大论、东拉西扯的方式，占用对方大量时间，不顾对方沟通意愿，强行将自己想表达的内容灌输给对方。这样的沟通方式不但难以取悦顾客，反而会让对方产生反感，只想快点儿结束对话，逃离现场。

因此，无论是和领导前辈沟通，还是和甲方客户交谈，抓住说话的关键点，用简洁的话语清楚地表达自己的观点，对大篇幅内容进行条分缕析的简化处理，将自己的想法和观点转化为更易被理解和接受的形式，才能为向上社交创造空间，把事情办得更出彩。

通常情况下，向上社交时抓住谈话关键点，让谈话事半功倍，需要注意以下三点。

一、目的明确，言简意赅

目的明确是短时间内快速完成向上社交的关键。无论是前辈领导还是甲方客户，对方都没有太多时间将注意力留给你，就像广告的黄金三秒钟原则，需要在三秒内抓住消费者注意力。向上社交时，你可能也只有三四秒钟、两三句话的沟通时间，抓住对方的视线，让对方短时间内明白你的对话意图。

所以，在谈话中，我们不妨去除次要信息，将时间留给你想谈论的核心内容，避免在有限时间内输出对方已知或不重要的重复信息。开门见山说重点，能快速抓住对方的注意力，让对方迅速明白你的意图，也不会因为你的谈话过于啰嗦而产生反感。就像麦肯锡的 30 秒电梯法则，不妨假设你也只有 30 秒的谈话时间，言简意赅地把最主要想让对方知道的信息在一两句话中先抛出去，如果这之后对方接话或提出疑问，有进一步沟通的意愿，那么说明，你这次社交是成功的。

二、避免使用专业术语，将复杂问题简单化

在工作和生活中，当我们想佐证自己的想法，或让自己更有说服力时，经常需要用到各种数据资料，或者是更为抽象、专业的语言，但很多时候，这些内容并不适合在社交活动中使用。因为过于专业的术语或数据会让你的谈话变得冗长和啰唆，大部分人也

很难在面对面沟通时快速消化这些复杂信息，这就可能导致他们对你的信任和认同度降低。

在这类社交中，我们不妨先把复杂的问题简单化，暂时抛下那些显得更专业的术语和数据，让你的谈话简单易懂，将谈话时间留给对结果的阐述，让对方先对你想传递的结果或观念产生认同，再在后续适当时间补充那些可以支撑你可信度的专业信息，这就能让你的社交效率大大提高。

三、逻辑清晰，抓住对方"痛点"

社交谈话中，人们更关注与自身息息相关的内容。在向上社交中想要快速抓住对方注意力，传递你想要表达的核心内容，可以快速将谈话内容引向对方的关注点，或者说是"痛点"，逻辑清晰且简短地陈述你对对方"痛点"的建议、观点、策略。这样通常更能迅速地给对方留下印象，也能让对方觉得你是个能力强悍、思路清晰，可以为他们提供有价值信息的人。

比如，领导对你提出的策划方案创意很满意，但觉得成本过高，不适合推广，迟迟不能下决策推进。这时你不妨善用"电梯间30秒"，先告诉领导你了解并认同他关于成本的顾虑，但是你已经有了如下协调策略，并做了相关的数据分析，如果领导觉得可行，稍后你可以为他提供数据，进一步讨论。

三言两语间就能抓住领导的关注点，把认同、应对、策略、会议约定顺理成章地表达清楚，说话能抓住关键，自然能让对方看到你迅速的反应力以及专业能力。日积月累，领导对你的信任和赏识也会翻倍。

向上社交中信任和共情的建立，需要我们主动改变以自己为主的思想，从对方关心的角度出发，言简意赅地将复杂问题简单化，形成目的明确的简化思维。这样无论是表达者还是倾听者，都能实现轻松对话，顺畅沟通，让事情在高效交流中办得更出彩。

有“替补方案”，说服更容易

《开讲啦》节目的第三期曾邀请了“中国创业者大学校长”、创业黑马董事长牛文文先生，分享自己关于青春与创业的故事。牛文文在节目中说了这样一句金句：“人生总有至暗时刻，一定要有你的另一个计划。这就是可以拯救你于危机的替补方案。”

最近几年朋友圈中也流行着相似的宣言：一个成熟的人，一定会有替补方案。

不知从什么时候起，替补方案逐渐变成了许多人不约而同的选择。日常工作中习惯准备替补方案，一旦领导否定原方案，替补方案赶紧跟上，不至于被领导问倒，结果大大提高了工作效率；谈判桌上准备替补方案，一旦谈判风向有变，替补方案立刻执行，永远不落于对手下风；甚至休闲旅游也要准备替补方案，到达目的地发现原本的攻略计划失败，赶紧换上替补方案，不浪费游玩的每一分钟。

为什么人们越来越热衷于“替补方案”呢？

其实，这并不是“内卷”上瘾，而是人们发现，凡事会做出“替补方案”的人，更能游刃有余地轻松应对人生中出现的任何突发状况。而和永远有替补方案的人共事，也更让人感觉踏实。一个人总有新方案、替补方案甚至替补方案一、替补方案二准备着，就总能把问题妥善地解决。万事有备而来，行事周全妥帖，是这类人的社交标签，他们准备的“替补方案”带给他人社交中的“安全感”，也让他们在与人结交时无往不利。尤其在向上社交过程中，做一个时刻有“替补方案”的人，更容易结识到优秀人士，打造优质人脉圈。

一位名叫 Amy 的公司职员，永远都是一个有替补方案的人。从职场小白晋升到部门主管，她只用了短短三年时间，其中的秘诀就是她永远能用替补方案说服领导，并赢得领导的信任。而她说服领导的经验和向上社交的方法，十分值得我们借鉴。

Amy 初入职场就深谙一个道理，企业聘请你是来解决问题的，而不是让你来问“怎么办”的。所以，每次对接工作，领导反问下属“你有什么建议”“你觉得怎么处理好”的时候，就是一个优秀职场人应该表现自我的时候了。

每当这时，Amy 会先针对领导的提问，思考产生问题的原因，针对原因思考解决问题的两三种办法，并针对每条策略可能产生的结果进行简单说明，再表示希望得到领导的帮助和支持。这样做，一方面可以将领导的“填空题”变成“选择题”，对方只需要在你提供的两三个选项里选出中意的答案即可，大大提高了工作的可控性，可以保证自己在沟通中处于主动位置。另一方面，阐述和讨论“替补方案”时，也是和领导进行“思想对焦”的重要步骤，在这种“替补方案”的讨论中，Amy 可以更快速地了解领导的思路和诉求，继而不断修正自己的方案，同时也给了领导发现自己才能的机会。在这个过程中，“替补方案”越精彩，领导对自己的印象加分越多。

从第一印象还不错的新人，到后来成为能被放心倚重的左膀右臂，Amy 的向上社交大获全胜，核心就在于她永远能给领导提供“替补方案”，不会让领导的任何一次交代落空。一个做事周全、不让领导操心、能收获领导信任的人，自然也能比其他人更快打开职场向上的通道。

其实，向上社交本质上是一个说服他人、获得信任的过程。在面对任何场面都能提供“替补方案”、实实在在解决问题的人，永远在社交活动中具有吸引力。

不过，在向上社交过程中，做个永远有替补方案的人固然能得到别人信任和赏识，但如果能够巧妙地运用“替补方案”，在说服对方的同时，还能把对方导向你希望他做出的选择，那才是真正掌握了社交主动权。在赢得对方信任的同时，更能轻松达成自己的目的。

一、巧用“拆屋效应”，导向必选答案

鲁迅在 1927 年发表的《无声的中国》演讲稿中写过：“中国人的性情总是喜欢调和，折中的，譬如你说，这屋子太暗，须在这

里开一个窗，大家一定不允许的。但如果你主张拆掉屋顶，他们就会来调和，愿意开窗了。”

这就是心理学上“拆屋效应”的由来，意思是说，如果你希望别人能答应你较小较少的要求，那不妨先提出一个较大的要求。对方对大要求望而却步，便不得不退而求其次，答应你的小要求。这种心理博弈的方法，在向上社交中也十分有效。

人的精力和思路都有限，有时候我们在面对领导、客户时，虽然有做“替补方案”的意识，但由于时间、精力、外界支持等各种因素，导致没法及时提供替补方案，这时不妨灵活应对，将你相对成熟的想法作为替补方案，先向上汇报一个对方一定不会选择的方案。在对方否定方案、表示不接受的时候，你再提出早就烂熟于心的替补方案，在两相对比的情况下，领导大概率会选中你希望他选择的方案，同时也能看到你在一项工作中做的两份努力，认同你在工作上的未雨绸缪。

二、替补方案的逻辑——遵循“说服金字塔”

一个永远有替补方案的人在向上社交中更容易获得信任，能更轻松地说服对方，因为“替补方案”展现的不仅是处理事情的方法本身，同时还可以展示出一个人在面对突发危机时的逻辑思维、协调能力、大局观等多方面素养。可以及时提供替补方案的人，会让高端人士更清楚地看到你这些方面的综合能力。所以，如果你想让自己的替补方案发挥应有的效果，打动你的社交目标人物，就可以运用“说服金字塔”逻辑来制订替补方案。

“说服金字塔”的意思是说，在说服别人时采用情感、逻辑、利益三种类型的语言来诉诸感情，引发共鸣，利益在上，情感为基。在给对方提供替补方案时，先从利益得失角度讲透对方行动的利弊；再条分缕析，用通畅的逻辑让对方明确理解我们在说什么；最后，从情感角度推己及人，谈关系、谈情义，让对方愿意听我们说话。这样晓之以利、动之以情、辩之以理的替补方案，就能让优秀人士快速看到你在能力、情商上的闪光点，继而也更乐于听从你的建议。

总而言之，向上社交时准备好你的“替补方案”，永远做一个有替补方案的人，在关键时刻展示出你出色的应变能力，让对方看到你做事时思虑周全、有备无患，对方才更容易被你说服，也愿意更放心地将资源、人脉等介绍给你。

■ 懂协调的人，一说就通

孔子在《论语》中说：“名不正，则言不顺；言不顺，则事不成。”这句话揭示出，沟通协调是做成一件事的先决条件。

古往今来，只要涉及人与人之间的关系，就不可避免会存在一系列感情、利益、得失上的纠葛。人们一旦建立社交关系，就会产生得失心，区分亲疏远近的感情，而这份亲疏得失也正是我们在维护社交关系过程中最重要的纽带。为了平衡社交中的纽带关系，将人际交往中的情与利、是与非等平衡地控制在恰当的阈值，这就需要我们学会社交的协调之道。不懂协调的人，在社交中会处处被掣肘，受制于人；而深谙协调的人，往往可以游刃有余地穿梭于各种社交关系之中。即使是向上社交，也可以有效掌控局面，化劣势为优势，化被动为主动，充分利用好自己周围的人脉资源。

那么，有人会问，在向上社交过程中，自己能力有限、权力有限，有什么资本去协调他人呢？

其实，这是对向上社交和协调之道的一种误解。向上社交并不是简单的资源置换，不是用人无我有的东西去笼络人心，协调之道也不一定要拥有一定的话语权，才能协调他人。即使处于基层，我们在社交中也有自己独特的价值，只要你能转换角度，找到自己能发光发热的空间。

向上社交并不是一个片面的概念，不仅要认识更多优秀的、比自己厉害的人，还要善于在社交过程中针对自己的需求和自身存在的问题，找到一个适合自己的解决方案，然后再根据这一方案去对标自己要结识的人，让每段社交都能做到目标明确。这就扩大了向上社交的范围，让你的向上社交圈不仅限于领导、客户等身处高位的人，你身边的每个同事也都可以被发展成为向上社交的目标。而与同事的相处中，学会协调会让你大有作为。

每天上班下班，我们与同事相处的时间甚至比和家人相处的时间更长，在这些相处中，同事是我们工作的配合者、见证者，还有可能是我们潜在的领导。我们之间会有感情、利益之间的纠葛，彼此是合作者，也是竞争者。处于这样复杂的关系中，跟同事相处，保持短期合作互助目标，兼顾长期竞争共赢目标，懂得协调自己与同事之间的利害得失关系，才能相处融洽，把志同道合的同事转变成自己向上社交的人脉资源。

千万不要小看同事之间的协调之道，做一个能够与他人共情、懂得协调做事的人，我们在日常的琐碎社交中同样能够赢得向上社交的人脉，获得属于自己的“合伙人”。

那么，我们要如何借社交协调之道，将周围人脉转化为自己日后向上的支撑力呢？

一、帮助他人，大方分享

社交中懂协调的人不会吝啬分享。社交是个圈，没有人可以孤独地在其中行走。我们和同事之间绝不只是竞争关系，帮助别人有时也是帮助自己。发现同事遇到困难，不妨主动提供帮助，将自己手中合适的资源分享给对方。不要过分担心帮别人发光会掩盖自己身上的光芒，人脉是越分享越多的，资源是越共享越能发挥利用价值的。你对一个人的帮助，周围会有一百个人在观望。一次灵活的资源共享，看似在帮助别人，实际是用资源为自己换口碑，美化自己在他人心目中的印象。用胸襟和能力折服他人，日后才会有更多的人慕名而来，主动结交大方的你。

二、认真负责，做个值得信赖的人

在职场当中，人与人之间总会有因为谁干活儿多、谁干活儿少等琐事而发生摩擦龃龉的时候。实际上，每个人都会不自觉地评估他人的工作能力，谁能力强，谁能力弱，领导都看在眼里。但相比于在领导面前表现，同事们对你的评价更能影响领导的判断，毕竟领导不会时时盯着你，但同事和你一起完成工作，他们对你的了解比领导更深。想成为一个让领导赞赏的人，不如先成为一个让同事信赖的人。

独木难成林，完美地完成一项工作，总是需要各部门同事的协调配合。在职场中，你能够认真负责地做好自己的本职工作，克服困难不拖后腿，获得成绩也不邀功，学会在困难时求助他人、协作完成，获得成绩时真诚地赞美他人，将胜利的果实和团队同事一起分享，别人自然会与你共情，感谢你在交往中付出的人情和努力。日后，当你需要美言和帮助的时候，对方也会愿意给予你信任和赞美。

三、尊重他人，远离是非

懂协调的人知道尊重他人，远离是非，在职场社交中不会让自己陷入“办公室政治”。电视剧《欢乐颂》里关雎尔能够获得老板的赏识，很重要的原因就是她没有参与到同事们议论和弹劾同事蜜雪儿这件事当中。无论是老板还是同事，都不会喜欢传播是非或煽风点火的人。社交中的协调之道，不但要学会协调自己与同事之间工作上的关系，更要学会协调人与人之间的情感关系。共情他人身处是非旋涡的艰难，不做嚼舌根引战爱八卦之人，对八卦是非看懂听懂，不问不传，当事人会感谢你的包容，老板也会赏识你的睿智和正能量。

四、积极合作，扩大人脉

在向上社交过程中，很多人习惯性地把人脉网都集中在自己部门、自己上司或下属等周围的人那里，却忽视了其他部门的人脉资源。其实，在协调中笼络跨界人脉资源并没有想象中那么难，只要学会积极合作，协调好工作内外的合作关系，你就能不断扩大自己的人脉。

在工作中，我们经常会参与到一些较大型的项目之中，这些项目一般都需要跨部门或者跨界合作。这些因合作而认识的陌生人，与我们的日常工作没有直接联系，也不容易产生冲突或利益纠葛。但是，通过工作上合作，与对方建立联系，一起协调好本职工作和同盟情谊的关系，工作之余邀请对方吃个午餐，聊聊工作以外的趣事，也许很快你就能多收获一个伙伴。这个伙伴在当时可能没有发挥太大的作用，但是在日后某个时刻，他很可能就会出其不意地帮你一把。

向上社交中的协调之道，就是在利害得失之间寻找平衡，在共情他人和尊重他人的过程中收获信任。社交中无须担心谈论感情和利益，重要的是在每次交往中展现出自己为他人着想、坦荡通达的一面，让别人感受到你是个能够协调好情感关系和彼此利益的聪明人。那么，即使你出身草根，别人有好的项目、好的人脉、好的资源时，也会在关键时刻想到你，甚至提携你一把。

讨好有道，才能受人尊敬

讨好对方，是人们在向上社交过程中经常选择和运用的一种方式。很多人在社交遇到困难时，因为害怕和别人发生冲突，害怕办事被人刁难，或者在人脉资源方面有求于人时，都会选择讨好对方，以求达成目的，发展人脉。然而，很多时候，即使已经笑脸相迎、放低姿态地去讨好，对方还是不买账，甚至还会因此看轻你，这是为什么呢？

这就不得不提中国式人际关系的有趣之处。中国人在人际交往中讲究“人敬我一尺，我敬人一丈”，“知恩莫忘报”，人们在社交中十分看重互相帮忙的恩情。这种顾念人情式的人际交往方式导致很多人以为中国人喜欢被人讨好，只要左右逢源，能让人记住你的讨好和关心，就什么事都能办得通。但是，他们却忽视了中国还有一句老话叫“吃人嘴软，拿人手短”，人们接受他人讨好的同时，也会担心欠下“人情债”没法还清。

身处中国式人际关系网络中，向上社交时讨好别人和接受别人讨好都是一件很难的事，因为大家都深谙“无功不受禄”的道理。人们接受了别人明显的讨好时，一方面会沾沾自喜，一方面也会感到不安。喜悦来自被人仰视、夸奖、尊重的虚荣心，而疑虑则来自内心对人情难还的担忧。

试着回想一下，你在生活和职场中忽然被别人热烈讨好，第一反应是怎样的？大多数人通常想的是：“他为什么要讨好我？”“我有什么值得他图谋？”“接受他这回送给我的东西，以后要怎么还他这个人情？”在这种警惕心理下，即使你和对方并没有明显的利益纠葛，对方也没法踏实地接受你的好意。有些时候，讨好的方式不当还可能会弄巧成拙，让对方认为你是个趋炎附势、曲意逢迎的虚伪之人。

实际上，向上社交中讨好他人的核心并不在于你如何放低姿态“跪舔”，如何在物质方面“献宝”奉承，而在于你能不能在讨好时正中对方下怀，走进对方心里，让对方从情感上觉得受用，不会担心欠你人情。在对方把你当“自己人”的同时，你才能赢得平等、尊重的交流机会。

聪明的讨好者想和对方做朋友，蹩脚的讨好者是在给对方做仆人。

电视剧《装腔启示录》中，女主唐影就给我们演示了放低姿态谄媚讨好他人并不一定能收获到好的结果，反而会让对方看轻你，甚至变本加厉地欺负你。初级律师唐影为了能更好地适应职场，在领导面前一直都是低眉俯首地赔笑讨好，结果换来的并不是领导的器重，反而是合同出问题时的背锅。而她背后学品茶、学赏画，刻意讨好富商马其远，对方更是一眼就看穿了她的装腔作势和曲意逢迎。在这种情景下，对方只是用看戏的心态，把她的讨好和表演当成了一场有趣的笑话。自己都把自己看低，抱着巴结的心态去讨好别人，结果换来的是别人的不尊重和轻视，也就不是什么意外的事了。

有些人可能会问：向上社交时自己本来就处于劣势，是有求于人或想借他人之势，如果不低头逢迎，又如何能既获得尊重又拉近彼此的关系呢？

下面几种方法，也许可以给你一些启示。

一、不刻意建立交情，选择恰当的讨好方式

讨好人的方式有很多种，想让别人容易接受，又不突显双方的“阶级差距感”，就要注意避免讨好的行为太过刻意。有的人有求于人，急于完成向上社交，经常会在社交讨好中犯冒进的错误。例如，因为需要别人帮忙，就突然送贵重的礼物给对方，这样做很可能会得到负面结果。一方面，对方跟你并不熟悉，担心你所求的事情自己办不到、惹麻烦，于是不敢接受；另一方面，你的突兀讨好和送礼会让对方觉得你是一个“现用现交”、不值得信任的人，不想和你有进一步的瓜葛。

避免出现这种费力不讨好的尴尬局面，我们就要注意讨好别人时一定要做到自然，做到润物细无声。平时面对有能力、有潜力的“贵人”，就要有意识地积攒人脉，采取循序渐进的方法与对方结交。比如，日常闲聊时可以约对方一起出去玩儿、一起吃顿饭，通过这样的方式慢慢建立社交，不要让对方感受到你具有很强的目的性，而是让对方觉得你是个“能玩儿到一起去的实在人”，在休闲交往中自然而然地表现出自己对对方的好感、尊敬。这样交往下去，等你真的遇到困难，需要对方帮忙时，再适当给予物质、资源方面的讨好，对方才能看在日常交情上，乐于伸手帮你一把，又不至于看轻你。

二、投其所好，做对方的知音

所谓“高处不胜寒”，越是有能力的人，越容易觉得知己难求，没有人懂自己。所以，聪明的讨好者不会一味地寻求以物质换资源这种初级讨好方式，而是会以点点滴滴的方式为他人提供情绪价值，在日常交流中投其所好，引导对方视自己为志同道合的人，从而以一种自然、轻松的方式实现向上社交，既保持了自己的尊严，又能赢得对方的欣赏。

比如，领导喜欢看书，有机会可以遵循领导喜欢的风格，推荐一些新书，并聊聊自己的阅读心得，和对方进行一场轻松友好的讨论；同事穿了新裙子，与其生硬地夸裙子好看，不如说对方有品位，在最近某热播剧中看到女主穿，没想到今天就在同事这儿看到了，比电视里看衬得人更美。

别小看这些日常中投其所好的夸奖，通过这些方法你能自然地成为对方的“知音”。即使是小小的赞美和夸奖，对方也会记在心里，在关键时刻把你当成朋友，甚至能在你遇到困难时为你雪中送炭。

三、学会拒绝，不让讨好成为习惯

向上社交中虽然需要适当讨好别人，但是想要实现平等社交，在人际交往中获得别人的尊重，就不能形成卑微的讨好型人格，不能让讨好别人成为习惯。否则，一旦讨好别人成为习惯，对方也容易陷入心安理得被讨好的怪圈，觉得你的讨好理所应当，并且不再珍惜和重视你的讨好。

讨好别人的目的，是获得对方的理解、信任和帮助。所以，讨好和拒绝也并不矛盾，如果在讨好别人的过程中，对方的一些要求让你觉得无礼，那么不妨用玩笑的口吻适当拒绝，让对方知道你的好也是有底线的，你们的关系是平等的。虽然这次你拒绝了对方，深表歉意，但可以把这次拒绝记在心里，在以后适当的时机，不刻意地主动补偿对方，让对方知道，你的内心是很在意彼此间的这份情谊的。这样一来，对方既不会把你的好当成理所应当，又能做到心中有数，记得你的这份人情。

可见，在向上社交过程中如何讨好有道，让对方心安理得地接受你的讨好，对你讨好的行为心中受用，且不失尊重，才是充满智慧的讨好方式。讨好他人从来都不是简单的物质交换，而是用真心换真心，用真诚换尊重。在进退有度的讨好中，让别人敞开心扉，把你当成“自己人”，凡事记挂着你，才算讨好成功。所以，睿智的讨好，是细水长流地“做朋友”。

不勉强的关系，才能更长久

心理学中有一个“淬火效应”，用在人际关系中十分得当。

“淬火”本来是金属加工中的重要环节，是将金属加热到一定温度后，再对其进行冷处理。这样反复加热遇冷，可以在很高程度上提升金属的硬度和耐磨性。“百炼成钢”，说的就是这个道理。

在经营人际关系过程中，如果想让一段关系维持得更长久，也同样要注意张弛有度。亲而有间、熟不逾矩的交往，才能让彼此感到更舒适，也更愿意保持长久的交往。尤其在向上社交过程中，懂得保持距离，不失分寸，理智地看待自己与对方的距离，营造一段不勉强的社交关系，让彼此间的交往充满柔和的松弛感，才是向上社交中最大的清醒。

林清玄在《清凉菩提》中曾这样说过：“世事静方见，人情淡始长。”意思是说，人与人之间的感情要想持久绵长，就需要多一些淡漠和分寸感，这样才能让彼此相处久远。这虽然是一句很简单的话，但是很多人却难以把握其中的真意，反而总爱在社交活动中追求一种亲密无间，勉强别人从自己的角度出发做事。殊不知，正是这种勉强的亲密，有失分寸的相处，才将你和别人在人情往来的网络中越推越远。

小张和小李同为一家广告公司的员工，隶属于公司的不同部门，两人在公司里关系十分要好，平时节假日也经常一起吃饭逛街。

有一次，公司接到一个大项目，领导十分重视，要求小张所在的部门准备两套不同风格的方案应对甲方需求，并要求项目没通过前，策划内容保密。

因为小李所在的部门需要为该项目后续提供物料支持，所以小李也十分关心策划内容和进度，便想跟关系要好的小张打听情况。没想到的是，当小李提出自己的请求，小张却为难地说：“组长特意强调策划内容保密，我不能告诉你，你再等等，等方案定稿了，我们会尽快过流程发到你们部门的。”

小李一听就不乐意了，说：“亏我还把你当朋友，跟你打听这么点儿小事，你都不愿意说！不过是问问你内容的进度，有什么可掖着藏着的？”

看到小李生气了，小张也只能苦笑着摇摇头。小张也没觉得有什么可惜，毕竟真朋友是不会强人所难的，而是会理解自己，更多站在对方的角度去考虑问题。

类似小张这样的社交窘境，我们在社交过程中多多少少都会遇到。在类似的境况中，我们有时候是为难的小张，有时候是对他人失望的小李。其实，无论身担哪种角色，导致社交关系出现裂痕的根本都是因为我们忽视了“己所不欲，勿施于人”的道理，没有从他人的角度考虑问题，不顾及他人感受，而是直接将自己的想法强加给了对方。殊不知，这很容易让对方感到为难，也让彼此的关系变得很紧张，在给别人带来困扰的同时，也会导致双方的关系难以长久维系。

在向上社交过程中，我们经常会想当然地认为高位者帮我们做什么都不过是举手之劳，自己根本没有勉强对方。然而，身处位置不同，每个人都有自己的考量和难处，我们不在其位，如果再不能设身处地考虑对方的处境，所求小事也可能是大麻烦，让别人进退两难。

既然松弛的关系更令人舒服，不勉强的关系更容易维持长久，我们又如何在向上社交中把握分寸感，经营好更长久的社交关系呢？

一、不捆绑，保持边界感

再好的关系，一旦越界，都会让人感到不舒服。尤其是在向上社交过程中，我们对高位者或多或少存在一定的依赖性和人情诉求，如果失去边界感，让对方感觉自己在人际交往中被“捆绑”了，对方就会逐渐对你敬而远之。

所以，在向上社交过程中，我们要把握好边界，既不会给别人带来困扰，又可以增加社交黏性。这里要注意以下两点。

首先，注意不伤面子，给人更多的尊重。很多人在向上社交过程中，因为和对方越来越熟，就开始忘记最初的分寸感。有事相求的时候，仗着自己跟对方关系亲密，态度随意，给人留下颐指气使和态度轻慢的坏印象。即使对方这一次抹不开面子帮了你，但因为这样“使唤人”的不良态度，之后你们也很难再亲近。

再亲密的关系，也要记得有求于人时要保持诚恳，保留分寸感，用商量的语气和对方沟通，让对方感觉在你们的关系中，你很尊重他的意愿，而他也保有拒绝的权利。在有选择的情况下，心甘情愿地伸出援手，是保持一段关系绵长紧密的最好方式。你能得到帮助，对方也会因为受到尊重地给予了帮助，你们之间的关系才能继续保持。

其次，不要以己度人，随意揣测他人喜好。在因为勉强而搞砸的人际关系中，以己度人，擅自揣度别人喜恶，是很多人都爱犯的毛病。就像前文案例中的小张和小李，小李以己度人，自己认为提前透露一下项目方案不是什么大不了的事，就认为小张应该告诉自己。这种用自己的标准去衡量别人的想法和行事风格之下，一旦别人的选择和自己设想的有出入，就免不了会心生怨气，进而在不自知的情况下，导致一段良好社交关系的破裂。

故而，尊重他人的选择，在松弛的社交关系中尤为重要。人人都有不得已的时候，尤其在向上社交中，有时候对方虽然有帮忙的能力，但是没有帮忙的立场，即使表面上看起来轻而易举的事，也可能十分困扰。将心比心，不勉强别人，不因为一件事去否定一个朋友，对方也会因为你的理解和豁达，更坚信自己没有交错朋友，在以后合适的时机，也会回馈给你更大的善意。

二、不尬聊，保持距离感

社交关系中的勉强，不仅存在于彼此之间的帮忙中，不恰当的日常交谈也可能给他人造成压力。在一些向上社交关系中，不懂得保持距离感，倚仗彼此熟悉跟别人尬聊，打着关心的名义过多打听对方私事，也是另一种意义上的勉强。

前文我们提到了强关系和弱关系这一组人际关系网络效益方面的概念，不仅对我们走出“舒适圈”有所帮助，也可以启发我们深入思考：如何在向上社交过程中保持距离感？

很多人认为，在寻求帮忙和沟通中，一定更倾向于强关系圈子里的人。但是在马克 · 格兰诺维的实际调研中，情况却恰好相反。正因为彼此之间太过于熟悉，人们反而羞于向强关系圈子的人求助，且因为彼此太过熟悉，怕被对方得知自己的困扰和失意，而缺少与强关系圈里的人沟通的愿望。反而是面对弱关系圈子的人时，自己更容易向对方张口求助或深入地谈论某些话题。

由此可见，与人交往需要保持一定的距离感，一旦过分亲密，就可能失去社交的纯粹感，失去更深层交流的意愿。

所以，在不勉强别人的关系里，就要注意日常不尬聊，不该问的问题不问，不该发表的意见不说，与人适当保持距离感，尊重他人隐私，收起"为他好"的心态。对方想与你沟通时，自然会主动向你倾诉，这要好过喋喋不休的勉强交流，因为那样会给对方造成压迫感。

建立强大的向上社交能力，除了灵活的社交技巧，还需将心比心地体谅他人。给别人选择和拒绝的权利，摆正自己在一段关系中的位置，保持社交分寸感和距离感，给他人留有一定空间，这样的社交关系才能维持得更长久。

信任的本质是先爱对方，才能被爱

著名商业咨询顾问刘润在《底层逻辑》一书中写道："信任，是一种能力。被信任，是一种更重要的能力。越是能被信任的人，促成合作的交易成本越低，在商业世界里，越有成功的可能。"

我们想做成一件事，想结交一个人，首先就需要拥有被对方信任的能力。对方信任你，才会把内心的想法告诉你，才会把重要的事情托付给你，才会在每个关键转折的时刻想到你。信任别人是一种勇气，被别人信任则是一种能力，这种能力并非与生俱来的，而是在社会交往、人情往来的过程中逐渐积蓄培养出来的。

良性社交的第一步是先建立信任，尤其在向上社交中，能够得到那些优秀的人、比自己厉害的人的信任和认可，你就已经成功了一半。

那么，人与人之间的信任是如何产生的呢？社交中的信任又是如何开始的呢？

孟子云："爱人者，人恒爱之。"爱别人的人，别人也会更爱他。社交中信任的本质，也许就是我们先学会爱对方，用善意和真诚与对方建立关系，之后才有可能获得别人的关注和喜爱。

然而在现实生活中，获得信任与付出信任对我们而言似乎都很难。很多人在社交过程中都容易陷入这样的怪圈：如果对方信任我，我一定会加倍信任对方。大家都等待别人先迈出信任的第一步，害怕自己先付出信任，却得不到对方的回报，期盼落空后得不偿失。建立友谊的机会，很多时候就在这种互相等待中流失了。

其实，我们应该相信人性本善，如果我们能主动一些先信任别人，也许可以收获意想不到的社交惊喜。

在美国的一座城市里，有一天，天忽然下起了大雨。一位衣着朴素的老妇人被大雨淋得浑身湿透，不得不走入一家商场内避雨。但由于她衣着简朴，形象狼狈，几乎所有店员都不愿意搭理这位老妇人，怕她身上滴落的雨水弄脏自己柜台附近的地面。

这时，一位小伙子微笑着对老妇人说：“夫人您好，有什么能帮到您的吗？”

老妇人和善地回答说：“谢谢你，不用了，我躲一会儿雨，很快就走。”随后，老妇人因为不好意思占用对方的地方，还在柜台前转悠着想买点儿什么。

小伙子善解人意地告诉老妇人说：“您不必为难，给您椅子，您安心坐在这里休息就好。”说着，小伙子不但给老妇人搬来一把椅子，还递过来一杯热水。

半晌雨停后，老妇人对小伙子表示感谢，并要了对方的名片后离开了。

三个月后，这个小伙子意外地获得了代表这家商场和一个大家族企业洽谈业务的机会，并在这次洽谈中获得巨大利润。后来他才得知，原来此前那位来自己商场避雨的老妇人，正是美国亿万富翁“钢铁大王”卡内基的母亲。而自己这次获得的幸运机会，也是得益于老妇人的举荐。此后，小伙子凭借卡内基对自己的信任，事业一帆风顺，逐渐成为卡内基的左膀右臂，实现了事业上的大成功。

可见，人与人之间的信任从来不是无缘无故产生的，但善良的人总愿意先给予他人信任。也正是这种先付出的善意与信任，帮助他们获得了更多的机会。

先爱对方，是互相信任的开始。每一次先付出热情和信任的行为，都是带有善意的。我们将这种热情与善意用适当的方式传递给对方，表达出我们信任的同时，对方也会感受到我们的好意。而正是这种热情与尊重，才能够迅速改善人与人之间的关系，让别人也能回馈给我们同样的信任。

也许有人会说，先信任别人是有风险的，我们如何让自己避免这种风险呢？

社交本身就是存在一定风险的，尤其在向上社交过程中，处于低位者落于下风，似乎并没有什么保障。但是我们必须承认，想要向上社交，这本就存在一定的风险和不公平，但只要我们有先爱别人的勇气，很多时候还是可以收获到被他人爱的运气的。

信任100个人，有99个人感谢你的信任，只有1个人辜负你，这已经是一种成功。所以，与高位者社交，我们不妨先爱对方，先付出善意，再期待收获对方的偏爱与信任。

那么，在向上社交中，我们如何灵活变通，在先爱对方、先给予信任的时候，同样确保自己不受到伤害呢？

下面几点经验，也许可以帮助你。

一、从细节入手，认真观察对方

一个人是否值得被信任，通常就藏在他的言谈举止和待人接物的言行中。仔细观察一个人的衣着打扮和对待身边朋友的态度：如果他常常衣冠整洁，说明他是个在意自己形象的人；而如果他身边“谈笑有鸿儒，往来无白丁”，都是良师益友，且他自己对待朋友也有情有义，那说明对方大概率是个有修养、讲道义的人。对待这样的人，我们不妨先爱对方，给予对方善意和信任。对方被你的爱和信任感动，也将会投桃报李，对你报以同样的信任。

二、了解对方对待财富的方式

一个人如何对待财富，一定程度上可以反映出他的心胸和内心世界。如果一个人出手大方，不是对待财富斤斤计较之辈，说明他心胸开阔，能够理性对待金钱，不太会因为金钱问题而出卖朋友，是个有礼有节不抠门的人。

反之，如果一个人在金钱方面锱铢必较，说明他内心是个爱算计的人，钱大于情，即使我们付出信任，也难以在与之交往的过程中获得重视。对待这种较为吝啬的人，即使想要结交，想先付出信任，也要注意有所保留，避免在向上社交中赔了夫人又折兵。

三、简单交流，感受人品

在向上社交过程中，即使与对方初次见面，我们也并不是全无抓手。学会通过简单的交流观察对方，感受对方的人品，也可以帮助我们迅速辨别这个人是否值得结交，是否值得我们先付出爱与信任。

在不熟悉时的简短交流中，如果对方态度温和有礼，有较强的逻辑思维能力和语言能力，那么说明对方日常大概率也是这样端正温和的人。毕竟，对待陌生人都充满爱心和善意的人，对待朋友可能更讲情义。我们不妨先抛出橄榄枝，给予对方爱和信任，让对方感受到我们的善良本心，一段真挚的社交情谊，也许就从这样的信任中开始了。

总之，我们爱别人的同时，也是在爱自己。信任别人，就是信任自己的眼光，信任自己在社交中的掌控力。在向上社交的时候，我们手中的筹码有限，不妨先将对对方的爱与善意作为“投名状”，适度表达信任，在对别人的尊重和重视中，赢得对方同样的信任与真情。

信任不在于说，而在于做

人们通常会对什么样的人迅速产生信任呢？

即使在当今社会，人们频繁面临信任危机的情况下，大家也仍然会对警察、消防员、医生、律师等这类职业人群更容易产生信任感。原因很简单，在大多数人的固有印象中，这些人代表着专业。

这就是专业能力和职业素养带来的信任感。这些具备较高学历或职业素养的人，更容易给人专业、负责、可靠、守信的印象。人们对这类专业人群的信任，不仅在于与他们交流时对方说了什么，更重要的是他们在行动中所展现的专业素养和较强的工作能力。这些往往比他们说了什么更容易让人信服。

在社交生活中，我们都需要通过向上社交拓展人脉，把握机会，自荐展示。而无论身处哪个行业，从事什么样的工作，或者在什么样的社交活动中，想要结交优秀的人，或者获得高位者的信任，与其说得好听，不如做得漂亮。居高临下者，通常比我们以为的更加具有洞察力。舌灿莲花会说话，固然能够俘获人心，但却很难被委以重任。想获得优秀的人的信任，让自己在事业、生活上更加成功，提高自己的职业素养，用专业能力做敲门砖，才更容易获得赏识和更稳固的信任。

想让别人看到你的专业性，首先是要提高自身职业素养。职业素养理论专家弗朗西斯科在《职业素养》一书中对“职业素养”一词是这样定义的：“职业素养是人类在社会活动中需要遵守的行为规范，是职业内在的要求，是一个人在职业过程中表现出来的综合品质。职业素养具体量化表现为职商，体现一个社会人在职场中成功的素养及智慧。”

可见，在职业生涯中修炼“专业性”，培养职业素养，主要分为两方面：对外表现为身处所在岗位对应的专业能力，比如外语、医疗技术、法律、财务等技能；对内表现则为三观、职业道德、爱岗敬业精神等。只有不断地内外兼修，磨炼这些职业素养和职业能力，在自己的岗位上把工作做到更好，让领导、客户看到自己的专业性，用行动展示自己的职业能力和敬业精神，再配合灵活得体的对话，才能让自己在向上社交的过程中锦上添花。

美国权威财经杂志《福布斯》曾称赞阿里巴巴网络有限公司CEO卫哲，说因为他的远见才帮阿里巴巴企业间（B2B）公司跻身世界顶级企业行列。而这位年轻的CEO短时间内完成“从士兵到将军”的转变，从一名秘书升迁为世界顶级公司具有话语权的核心人物，正得益于他在向上社交中表现出来的专业性。

1993年，卫哲毕业于上海外国语学院（今上海外国语大学），他获得的第一份工作是为万国证券总经理管金生担任助理，承担秘书和翻译工作。当时被称为“中国证券之父”的管金生对助理十分挑剔，此前辞去的助理也有不少，卫哲的第一份工作可谓面临巨大考验。

但与其他助理不同，卫哲除了把老板的生活琐事打理得井井有条，在处理翻译工作中任何一件极为普通的事时，他都有自己的独到之处，展现出了强大的专业性。

卫哲在为老板口译时，并不只是机械地逐字翻译，而是会翻译出对方语言中的倾向性，避免老板错过关键信息。在翻译老板日常阅读的剪报这种小事时，他也毫不怠慢，做足功夫。这些翻译上的小事，老板都看在眼里，并逐渐开始让卫哲翻译一些重要的报告，撰写演讲稿，后来开始带着他参加一些重要活动，引荐卫哲结识了很多政府要员、企业家等显赫人物。随后，24 岁的卫哲便出任上海万国证券公司资产管理总部的副总经理。2006 年，他跳槽到阿里巴巴，登上职业生涯新高峰。

作为一名助理，卫哲在日常翻译工作中做的每个细节不仅仅展现出了他的专业能力，他更是在用行动告诉老板，自己是具有强大分析能力、有责任心、能处理复杂事务的高素质人才，每个翻译细节传递的都是卫哲的专业性和可靠性。这样用行动说话的方式，自然更容易得到老板的信任。

如果你也想像卫哲一样，成功实现向上社交，赢得老板的信任和赏识，并获得可观的人脉资源，又该用哪些行动体现自身的职业素养呢?

以下几点，值得所有想要实现向上社交的人学习。

一、做好礼仪与形象管理

外在形象影响着社交活动中他人对我们的印象，而得体的礼仪则展现了我们的素质与品德。在社交中，做到衣着得体、谈吐文明、举止礼貌，往往可以给对方留下良好的第一印象。这份第一印象所带来的好感，也可以在一定程度上帮我们更快地获得他人的信任。

此外，所谓礼仪与形象管理不仅指“有礼貌”“穿得好看”，而且需要让自己的形象与礼仪行为符合自己的社会角色。比如，律师、金融分析师等专业人士，需要更多穿笔挺的西装，体现自身的精英范儿；老师、医生等职业，则应避免穿着过于花哨，多给人气质沉稳的印象。这些形象管理和礼仪上的行动，都可以为我们的向上社交加分。

二、保持情绪稳定和有效沟通

社交中学会高效沟通，并能做一个情绪稳定的人，你也更容易收获他人的关注信任。

沟通是社交的第一步，与陌生人、领导及同事的良好沟通，能给人留下工作能力强、协作能力突出等印象，让他人觉得你是个“靠谱”的人。

而在社交过程中，我们还要尽可能地做到对事不对人，遇到问题时冷静处理，并且不把生活中的情绪和私人恩怨带到社交场合，这样才更容易让人觉得你是个凡事可“托付”的人，不会意气用事搞砸工作。

稳定的情绪背后，是稳定的处理问题的能力，是低风险和可确定性。任何一个领导或同事，都会更放心把重要的事交给这样能有效沟通且情绪稳定的专业人士。懂得控制情绪，对上对下都能以合理态度完成高效沟通的人，才可堪大任，能比他人更多地获得机会。

三、拥有时间观念与职业道德

遵守时间的人，总是能让人多一份信任感。与其关键时刻发愿，保证会完成某某事项，倒不如用平时在点滴小事上守时守信，一点点地建立他人对自己的信任感。比如，日常工作中遵守上班时间、会议时间，重视与客户约定的推进进度和时间等，将守时作为职业道德的第一条，相信别人也更愿意信任这样的人。

此外，想获得领导、客户等人的信任，坚守职业道德是重中之重。“规规矩矩做事，堂堂正正做人”，时刻将公司声誉、公司利益放在前面，任何微末的工作中都恪守自己的职业道德底线，让别人看到你是个“君子有所为，有所不为”的人。这时，无论是在人际关系中，还是在职场关系中，都能赢得更多人的关注和信任。这样的良好信誉加上专业能力，无论是向上社交，获得信任，还是平级合作，互惠互利，都可以帮助我们赢得更多的呼声和支持。

信任不在于说，而在于做。与其巧舌如簧，费尽心思地说服他人，倒不如踏实行动，靠自己的专业能力和身体力行赢得他人的喜爱与信任。用行动塑造专业可靠的口碑，才是成熟职场人向上社交的必修课。

第七章

拥有利他心，和对方产生深度连接

向上社交前先想想：我能为对方做什么

在人际交往中，你一般喜欢和什么样的人交朋友？

相信每个人心里的答案都各不相同，但不外乎以下几种类型：喜欢结交乐观开朗的人，希望他们能给自己带来快乐和正能量；喜欢结交有才华的人，希望他们能帮助自己拓展思路，开阔眼界；喜欢结交温暖善良的人，希望他们能在人生低谷时刻给予我们鼓励和帮助；喜欢结交人脉丰富的朋友，希望他们的社交资源也能为自己所用……

在选择交往对象时，人们总是会不自觉地先考虑：和这样的人交朋友，我能有什么收获？虽然社交不应该在开始时就抱着功利的目的，但不可否认，谁都不愿意和一无是处、浑身麻烦的人结交。我们从小受到的教育就引导我们要“慕贤”，所谓“与善人居，如入芝兰之室，久而自芳也”，大家都喜欢和优秀的人在一起。因为比自己更优秀的人可以为我们的人生赋能，让我们在与之交流的过程中逐渐变得更好。人们渴望向上社交，其实就是对“利己”社交的追求，希望通过与“贵人”社交，进而提升自己。

然而，社交是一个双方沟通联系、互通有无的过程，其本质是一种社会交换，人们在社交中不断摸索如何给予彼此所需，并追求最终实现社交“双赢”、共同进步的局面。互惠互利是人与人之间的关系长久和谐、绵延上升的根本。由此可见，想与优秀的人结交，并产生更深层次的连接，使友谊长久，我们在利己思维的基础上，还要有利他之心。想借用他人价值之前，还需要先想想：我能为对方做什么？弄清自己在对方眼中的价值和优势，与你结交能为他人带来什么“好处”，这样才更容易吸引他人的关注，获得更多向上社交的机会。

在哈佛商学院，每年入学的近 900 名新生在开学初始阶段都要先学习三周基础课。这三周课程与我们通常认知里的课程有些差别，课上主要是案例教学，不但课程和班级随机安排，课堂也主要靠学生课前自学案例，课上讨论发言，需要学生组织学习小组，完成三周基础课内容。

哈佛商学院的这种特色课堂，促使学生每天都必须聚在一起讨论当天课上需要讲解的案例。在学习小组中，大家各抒己见，开启头脑风暴，互相提问，互相借学习笔记……小组内各有分工，每个人都会做出一些共享。如果有人想不劳而获，一直依靠其他同学，那么很快就会被“踢出”学习小组。

通过三周的小组学习，同学们再根据自己了解到的同学的兴趣、特长、背景等情况进行组合，在保证组内成员多样性的前提下进行学习合作。这时，一些来自麦肯锡、贝恩等知名咨询公司的同学在小组组队时就比较抢手，因为他们有专业的战略性思维和强悍的数据分析能力，对市场营销、财会等必修课内容可以提出更多洞见，在小组内也能做出更多贡献。

相比之下，另一些缺少经验的同学，则会积极打差异化牌，用自己身上其他优势“推销”自己，求得加入这些能力更强的小组。例如，有些同学就会以自己的家庭背景、能提供的资源、公务员人脉等作为“置换条件”，为小组带来不同的价值，以求得和来自麦肯锡等知名公司的同学合作。

从哈佛商学院这种随机组建学习小组进行基础课学习的模式可以看出，想要成功实现向上社交，走进更优秀人的“圈子”，让这些优秀的人带你一起“玩”，就要先问问自己，你能给对方带来什么？在对自己具有清晰的认知后，让对方看到你能给他带来的“好处”，展示“互惠互利”的可能，自然更容易与他人产生深度链接。

那么，我们如何能知道自己的优势，挖掘自己在向上社交中能为对方做什么呢？

一、从亲朋好友口中了解别人对你的评价

对于自己的强项、优势、弱点等，我们了解得往往不够全面，也不够客观。有些时候，我们认为是优势的方面，在向上社交中不一定对他人具有吸引力。在这种情况下，就不如从亲朋好友口中

重新认识一下自己，问问他们觉得自己有哪些优点，与自己结交是因为哪些闪光点。通过其他人的评价，我们可以更加客观公正地认识自己的优点，以及自己可以为别人创造什么样的价值。这样，在社交过程中主动为想结交的人提供价值，我们的向上社交之路才会更加顺利。

二、充分发挥自己的特长

有些人可能觉得，自己虽然从亲朋好友口中了解到自己的一些优势和特长，但是对于自己想结交的贵人而言，这些特长或许并没有什么用，对方也不需要，这时该怎么办呢？

方法很简单，没有到达不了的罗马，只有没走对的路。换个思考角度，深挖你的特长，你能帮对方做什么？比如，你是个自媒体编辑，而对方是创业公司 CEO，你能为对方做什么呢？你可以帮他写一篇精彩的采访，宣传他的创业经历和公司产品，为他个人或公司做一番漂亮的宣传，或者帮他在媒体群里牵线搭桥，结识更多的人脉和资源，让他能够在更大的社交圈中实现资源和人脉的流通。这些都是你能为对方做的事，同时这也是你独一无二的价值。

三、“有事儿您说话”，展示你的“仗义”

还有一种比较让人苦恼的情况，就是在向上社交过程中，我们的确暂时无法为对方做什么，对方对你也无所求，这时该怎么办呢？

在这种时候，我们不必一定要帮别人做什么，有时过于殷勤反而容易让对方对你产生误解，认为你在故意巴结他。此时，我们不妨在沟通交流中展示出一种大方仗义的态度，通过交流透露出你对其他朋友的仗义态度，告诉对方“有事儿您说话”，如果需要你帮忙，可以无所顾虑地找你。虽然可能暂时没法和这个人建立深度联系，但你的大方态度却能给对方留下慷慨的印象。一旦对方某一天真的遇到什么麻烦，需要有人来解燃眉之急的时候，他也会第一时间想到你。这时候，你就有了为对方做点儿什么，进而建立彼此深度连接的机会。

我们要记住，这世界上没有无缘无故的友谊，我们也不应该一味地接受别人的帮助和恩惠。社交的底层逻辑是互惠互利，在希望借别人之势成就自己的时候，应该先想想自己能为别人做什么，抱着利他的心态追求利己，才能成功结识更多优秀的人，并让他们的资源和人脉为自己所用。

帮别人化解尴尬，获得人情和感激

“赠人玫瑰，手有余香。”很多人都听过这句话。如果把这句话引申到日常生活中，意思就是在方便别人的同时，也能为自己带来便利；为别人付出的同时，也能让自己收获快乐。

这个道理同样适用于向上社交。如果你能在他人陷入窘境时及时伸出援手，帮助对方脱离窘境，对方也必然会记住你的好。在必要的时候，对方也会还你的这份人情。

有一次，某知名企业总经理前往一个贫困县参加捐资助教活动。在为当地的一所中学捐款的仪式上发生了一个小意外，让总经理在仪式上陷入尴尬。由于学校的板凳年久失修，当总经理刚刚坐到板凳上时，板凳突然断裂，让他重重地摔在了地上。在多位领导和观众在场的情况下，总经理立刻尴尬得满脸通红。

还好当时的一名工作人员眼疾手快，立刻上前扶起总经理，还幽默地说："您放心，这次捐的款咱们先买凳子。"简单的一句话，不仅逗笑了在场的人，同时也缓解了总经理的尴尬，还把此次捐资助教活动和总经理坐坏了的"破板凳"联系起来，让大家关注到了当地学校设施的破旧简陋，深刻意识到此次捐款的重要性。

而这位帮总经理化解尴尬的工作人员，不但收获了总经理的感谢，也给在场所有人留下了风趣幽默、具有同情心的好印象。

我们都希望在各种尴尬场面中能够有人站出来替我们化解，这时，应变能力强，能共情、能体谅、能应对尴尬局面的人，就会得到更多人的重视和青睐。在社交场合中，如果你也能为他人着想，用你的情商和反应力帮助他人化解尴尬，一定会给对方留下好印象，从而获得对方发自内心的感激。对方也更乐于与你加深联络，在以后合适的机会，还你这份人情。

在向上社交过程中，最能体现一个人交际能力的往往不是能否与人快速建立联系，也不是具有高超的说话技巧，而是能不能共情他人窘境、灵巧地帮别人化解尴尬。这考验的是一个人的情商和社交反应能力。锦上添花易，雪中送炭难，如果能在尴尬局面中拉对方一把，就可以实现向上社交中的"四两拨千斤"，用小善良换取大恩情，不但能让对方心里感激你，也能让旁观者看到你的美好品质。

如果我们用心观察就会发现，社会上许多高学历、高地位，拥有更多财富和尊贵身份的人，反比常人更加和气谦虚，不会在社交中让别人陷入尴尬，还总能给别人一种如沐春风的感觉。

著名作家莫言就曾经遇到过读者求签名却找错人的尴尬局面。有一次，有一位读者将莫言错认成了余华，还拿着一本《活着》找他签名。面对读者认错作者的尴尬，莫言非但没有生气或者现场纠正读者，反而将错就错，机智地在书上签了“余华”的名字，并在后来采访中幽默地表示，自己签的“余华”，比余华本人签的还好看呢！

本来尴尬的人应该是莫言老师，因为读者很喜欢余华的书，却认错了人，把莫言当成了余华。但是，如果莫言老师签上“莫言”两个字，尴尬的人就成了那位兴高采烈的读者。为了不让对方陷入尴尬，莫言体贴地选择了不纠正对方，这样就避免了双方陷入尴尬，并在后来幽默地调侃这件事，再一次显示出自己的大度。可见，莫言能够在文化圈中受人敬仰，并与余华、苏童等人保持长久的友谊，不是没有原因的。

那么，我们如何在向上社交过程中巧妙地帮助别人化解尴尬，在“打圆场”的过程中，轻松地网罗住别人的人情，把控局面的同时获得他人的感激呢？

一、用幽默化解尴尬

善用幽默这一社交润滑剂，用一两句适当的幽默话语活跃气氛，既可以让大家在欢声笑语中忘记不愉快的事，让对方从窘迫的境地中脱困，又能够借幽默展现出我们的高情商和应变能力，从而提升旁观者对我们的好感，加深对我们的印象，收获良好的口碑。

但在向上社交过程中，想要帮助别人化解尴尬，最重要的一点是把握好幽默调侃的度。化解他人尴尬的关键是能够真正体谅别人的困境，体贴别人的心境，在为他人着想的同时，将体谅和体贴化为行动，拒绝冷眼旁观。而一旦你的幽默过度了，就可能引起对方反感，甚至还会认为你是故意调侃他，让他难堪。

所以，在利用幽默化解尴尬时，一定要注意分寸，注意照顾对方的心理和情绪，这样才能起到积极的作用，收获别人的好感。

二、灵活转移别人的注意力

无论多么聪明、多么优秀的人，也会有说错话、办错事的时候。如果你能在对方陷入尴尬的时刻，巧妙地帮助对方转移别人的注意力，让周围的人不再继续注意到陷入尴尬的对方，而是将关注点转移到新的话题和事件上，那么陷入尴尬的人一定会对你心存感激，并记下你“临场救火”的人情，甚至会因此而把你当成可以结交的人，在以后合适的时机还你这份人情。

比如，在某些会议上，大家经常各执己见，有时甚至出现针锋相对的时刻。这时，有些人可能就会因为某个问题而话赶话地争吵起来，并且谁也不肯先退一步。这就容易导致会议陷入僵局，让参会者都感到十分尴尬。如果你能在这时候转移话题，从问题的争执中跳出来，帮助大家总结一下现在共同的优势和存在的问题，或者插入下一个话题，转移大家的注意力，那么争吵的双方就会因此而获得一个停下来的台阶，他们也会对你心存感激，记得你对别人的理解、尊重，以及为大家保留的体面。

三、冷静应对，保持视而不见

成年人的社交讲究“看破不说破”，尤其在向上社交过程中，这一点更为重要。某些社交的特殊时刻，我们可能会遇到意想不到的尴尬，比如谈话过程中不小心触碰到他人隐私，或者在酒局饭桌上不了解在场人的情况而说错话，等等。类似这种情况，被触及隐私或者犯错的人可能都会觉得十分尴尬，但如果你能适当地帮对方“遮羞”，冷静地继续谈天说地，把别人的错误一带而过，看破不说破，不让其他人注意到错误，也可以巧妙地把控局面、化解尴尬，收获他人的感激和人情。

帮别人化解尴尬是一件非常考验情商的事，展现的是我们的体贴和共情能力。在向上社交过程中，如果具备这种利他意识，能在别人身处“水深火热”的尴尬时刻拉对方一把，一定会非常受人尊重和欢迎，收获感恩和人情，毕竟大家都希望自己身边能有一位这样机智的“救场王”，在尴尬时刻伸出援手。

拉近彼此距离，要适当投其所好

俗话说："人情卖给熟面孔。"在社会交往中，大家都讲究有熟人好办事。但是，卖人情面往往是熟人之间才有的事，如果你能把那些优秀的、有能力的人变成自己的熟人，拉近与对方之间的距离，能够和更高圈层的人"套近乎"，那么你的向上社交也会非常顺利。

说到这里，可能有人会问："我看起来没有什么亮点，在人脉、资源方面也不能和对方置换，要怎么和更高圈层的人套近乎呢？尤其在我们还是陌生人的时候，打开话题套近乎，实在是太难了！"

这种顾虑很多人应该都有，姑且不说让优秀的人卖情面给自己，就算是简单地结识对方，都可能是一件十分困难的事。其实，向上社交并不像我们想象的那么困难，所谓"一回生，二回熟"，人与人之间的交往都是从陌生到熟悉的，只要能找准突破口，先和对方建立连接关系，再适当地投其所好，让对方对我们产生印象和好感，久而久之，彼此联系，在你来我往的交流中，双方的关系和情谊就会逐渐加深。在这个过程中，如果你与对方相处融洽，对方也会慢慢把你当成朋友。

在向上社交中，有一个"五分钟社交理论"解释了如何在陌生环境下迅速投其所好地与对方展开话题，高效结识更优秀的人。

所谓"五分钟社交"，其内涵就是以最快的速度识别出你与对方的互相吸引力，不占用对方过多的时间，但可以快速筛选出对方是否值得结交，以及确定后续如何投其所好地进一步展开交流。

在工作中，我们经常会参加一些大型会议、论坛等，或者是参加行业酒会、饭局聚餐等活动。在这样的场合里，我们可能很难一下子加入那些三五成群交谈的人中间，而且试图插进别人的对话中也并不明智。这时，你可以瞅准时机走近旁边的饮料台，拿一杯饮料，并同时与旁边排队拿饮料的人攀谈起来，先从“今天的自助餐还挺不错的”“你也要这个饮料吗？帮你拿一杯？”或者“你这件今天的衣服很别致，我很喜欢”等话题开口，给互相对话寻找一个合理的契机，随后再快速切入你们可能共同关注的话题，比如“我很期待接下来李总的演讲，您认识他吗？”“今天的论坛内容很有深度，我最近也在看投资方面的资料，您最近看过什么这方面相关的好书吗？”

这些对话都可以在取饮料、排队、候场等时机开始，而且你与对方这些简单对话也能帮你快速摸清对方的喜好和兴趣点。如果对方接话，说明对你提起的话题感兴趣，有了共同兴趣点，你就可以开始进一步投其所好，不断深入展开话题了。

“五分钟社交”只是向上社交中一个小场景，但是社交原理都大同小异，其本质就是人们都喜欢和与自己有共同偏好、共同话题的人交流。两个人思想相近、谈话同频，才容易产生更深入的社交联系。

那么，怎样做到投其所好呢？

说白了，就是“见人说人话，见鬼说鬼话”。这话虽然听起来不像是褒义的，但在向上社交过程中却非常实用。在这个过程中，只要你能打开对方的话匣子，就能找到他感兴趣的话题点。顺着这个点交谈，就可以轻松地拉近与对方的关系。

一般来说，寻找对方的话题点可以通过下面几种方法进行。

一、观察对方的话题导向

当你已经完成“五分钟社交”，对一个人有了初步的了解之后，便可以用心地观察和分析对方谈话中的话题导向。

比如，对方和你聊起当下热点，那说明他可能对这个热点感兴趣，或者想听听你的看法。这样我们就能了解到，对方是一个对时事热点感兴趣的人，这时你就可以跟对方就这个话题点多聊一会儿。

除了在对话中顺着对方的话题展开讨论外，后续如果你想和对方建立更深层的联系，也可以多关注一下热点新闻，并总结出自己独辟蹊径的看法，这样你们下次见面时就有了共同语言。如果你对热点新闻的看法和论述很有见解，能得到对方的认可，让对方产生相见恨晚的感觉，对方自然会乐意把你视为“同类”，愿意跟你有更多的往来。

二、学会提问，给对方发言机会

在社交过程中，如果你能创造条件或环境，给对方展示自己、发表见解的舞台，很多优秀的人也会乐于与你结交。毕竟人人都有虚荣心，不喜欢锦衣夜行，而希望自己的成绩、观点、优秀等能被更多人看到。你若是能当好听众，也算是一种十分难得的投其所好。

当然，想让对方发言，我们就要学会提问。一般来说，我们可以挑选对方引以为傲的内容进行提问。比如，你发现领导喜欢养花，经常发花卉的图片，那么就可以先称赞对方的花养得特别好，接下来再说说自己也喜欢花，但经常养不活，顺势问问对方有什么养花经验。这样瞬间就可以打开对方的“话匣子”，对方也一定会乐于回答你的问题。

这一社交技巧的关键是让对方发言，给予对方展示自我的空间。所以，你一定要学会提问，让对话能够延续下去，而不要直接夸赞“你种的花真好看”，这样很容易终止话题，被对方的一句“谢谢”打发过去，这样我们就无法再与对方建立连接了。

三、适度附和，避免刻意

投其所好的水平高低，重点在于我们会不会把握“度”。过分地投其所好，对方说什么都去附和称赞，难免有拍马屁的嫌疑，容易让对方觉得你是个趋炎附势、爱巴结人的“小人”，可能不会放心与你结交。

因此，在向上社交时，想适度地投其所好就要先做好功课。比如，多找机会看看对方的朋友圈动态，或者从别人口中了解目标社交对象的优势、爱好等，避免在投其所好时用力过猛。只有对方在与你交流时感受到自然的迎合和有分寸的恭维，对方才会觉得与你相交如沐春风。

总之，在向上社交时，适当地投其所好，让别人在你身上能够产生谈话欲，通过不断沟通交流，让对方觉得和你有共同话题，思路同频，你和对方才能快速缩短彼此的距离，更快地成为朋友，甚至会很快实现资源共享、互相帮忙。

切忌在公共场合让领导难堪

在向上社交过程中，想要处处受人欢迎，就要保持利他心，注意时时维护他人的面子，切忌在公共场合让对方难堪。学会搭梯子、送台阶，才能让对方记住你的好处。毕竟人无完人，即使是位高权重的领导，也不可能事事都做到尽善尽美，总会有犯错误、出纰漏的时候。有些人认为，能够及时纠正领导的错误，可以让领导看到自己的才能，进而更得到重用。殊不知，这种“直言进谏”的方式很可能已经让你悄悄得罪了人还不自知。

古往今来，领导都喜欢有才干的人，这一点无可厚非。但是，领导却难以忍受桀骜不驯的“刺头”。一旦遇到下属刁难、顶撞自己，甚至让自己在公共场合难堪，那么再有才华的人也难以得到领导重用。毕竟世事纷乱迷人眼，有才者比比皆是，能为领导所用的才是人才，而恃才傲物的人，只能算是领导职业生涯的绊脚石，难以得到青睐。

这就提醒我们，在面对领导时，认清自己和领导的位置差异，自己犯错能虚心接受领导批评，领导犯错能灵活在背后提醒，在任何时候都不让领导在台面上难堪的人，才能得到领导的器重，获得职场上升的机会。

有人可能不解，难道就不能对领导提反对意见吗？作为下属，领导的任何批评和指示，我们都要照单全收吗？

当然不是。顺从绝不是照单全收，而是要注意反对的时机。当面顶撞领导必然不可取，但如果你能采取适当的方式沟通，反对的观点巧妙说，指出错误背后说，在场面社交中给领导留足面子，又可以适时地提点领导，领导就会觉得你是在真心实意地帮助他，也一定会倾向性地多听取你的建议。你向上社交的目的，就会水到渠成地达到。

在公共场合不让领导难堪这方面，中国自古以来的官场智慧、劝谏艺术等，都给我们留下了很多可供学习和借鉴的经典范例。

在《邹忌讽齐王纳谏》这篇文章中，邹忌对齐王巧言劝谏。由于邹忌巧妙的语言艺术，让齐王欣然接受了邹忌的劝谏，并且还下令全国上下官员和百姓都可直言指出自己的过错，说得好的人还能论功行赏。

那么，邹忌想反对齐王的决策时，他是如何做的呢？

首先，邹忌并没有当面指出齐王的不是，而是向齐王讲述自己在家中与妻妾的对话，说自己知道不如城北徐公美，但是自己的妻妾因为立场原因都偏私自己，认为自己比徐公美。通过讲述这件小事，邹忌其实是从侧面提醒齐王：你治理这么大的齐国，幅员千里，城池有一百二十座那么多，你身边的人都对你偏爱有加，朝廷上的人又都畏惧你的威严，四海之内又都是有求于你的人。你所处的环境和我是如此相像，可见你受到的蒙蔽也是非常厉害的。

邹忌劝谏的艺术可谓十分高明，从小处着手，用自己生活中遇到的情况类比齐王治国之境，既委婉地提醒齐王如今可能正在受他人蒙蔽，又在以自身经历为例，暗示齐王受人蒙蔽并没有什么大不了，我自己在生活里也有这样的经历，不必过于介怀。

一个简单的类比，既避免了直言劝谏产生的冲突，又向齐王展示了自己对他的处境的理解和共情。对方听完后，自然能够坦然地接受意见，甚至还会在潜意识里产生感谢、感动或愧疚之情。

那么，在具体生活和工作中，如果既想避免和领导针锋相对，又坚持己见，我们又该如何做呢？

一、切忌当众顶撞，私下适当提醒

当众顶撞领导是社交中最愚蠢的行为。公开场合顶撞领导，无论你的理由是否合理，都会让事情陷入僵局，让领导下不来台，也让你自己陷入进退两难的尴尬境地。

在与领导意见相左的时候，不如当场先给领导留下面子，顺着他的话锋应承下来。等到只有你和领导两个人时，再适当地提醒领导之前的意见有一些问题。不过，虽然是私下提醒，也要注意运用委婉的话语，比如："对了，领导，刚才回来后我忽然想到，你会上提出的……如果这样做，可能后续会有点儿问题，你看我们要不要……"这就类似于邹忌对齐王的劝谏，表明你尊重和认同领导的决策，只是又想到一些补充，给他一些建议，听不听的决策权还是在他。这种背后提醒的方式本身就为领导采纳你的意见埋下伏笔。领导知道你在给他留面子，也能看到你对问题的周全思考。如果你的建议有道理，对方自然会接受，并且还会对你另眼相看。

二、对问题点到为止，不必得理不饶人

很多时候，我们可能并不是故意让领导难堪，只是在阐明自己立场时，无意中可能否定了领导的观点，让领导陷入难堪的境地。

这种情况在职场中十分常见。比如，有些人一旦在工作中遇到一些争议或责备，总喜欢跟领导反复解释、不断纠缠，希望能撇清自己，把所有事情都解释清楚。但是，解释也要看场合，并不是所有情况下都适合“寸土必争”地阐明自己的委屈。如果领导对你的批评真的存在误会，或者你给别人“背锅”了，也不一定必须当面跟领导据理力争，让对方下不来台。你可以当时承认自己的错误，然后再私下找机会跟领导解释，并且解释也要点到为止，不必事事细究，更不要得理不饶人。

在职场中，领导都不太喜欢事事斤斤计较、得理不饶人的下属。你点到为止后，如果领导没有马上为你“平冤昭雪”，有可能是碍于面子的原因，不想承认自己的批评有误。但是，领导内心中很可能已经意识到自己对你的批评或指责是不当的。只要我们多一些耐心，相信领导会在恰当的时候为你找补回来，弥补你的损

失。而你大度处理问题的方式，也会让领导认为你是个有大局观、能担大事的人，有晋升机会也会更多地想着你。

在公共场合让领导难堪，绝对是向上社交的大忌。保持冷静，换位思考，分析原因，委婉提示，才能让领导看到你的理智和气度，你也才能给领导留下良好的印象，继而也才有可能获得与领导建立深度连接的机会。

认清自身位置，避免锋芒太露

老子在《道德经》中曾说：“不自见，故明；不自是，故彰；不自伐，故有功；不自矜，故长。”意思是说，不自我表现，所以是非分明；不自以为是，所以声名昭彰；不自我夸耀，所以能建立功劳；不自高自大，所以能领导众人。

在社交过程中，不恃才自傲与人相争，能够认清自己的位置，凡事留给他人更多余地，自然可以广结善缘，赢得更多的朋友。而锋芒毕露遭人恨，骄傲自大多树敌，这是向上社交的大忌。

想要在向上社交中游刃有余，收获更多有实力、高圈层的人的尊重和喜欢，我们就要善于挖掘自身的闪光点，展现出自己的才华和价值，让别人看到和你结交是有“好处”、有价值的。

但是，很多人却不懂得与高端圈子里的人相处的尺度，没有认清自己在对方人脉圈中的位置，稍微为对方帮点儿忙，或者做出一点儿成绩，就骄傲自大，认为自己聪明绝顶，在社交中锋芒毕露，甚至有时傲慢无礼。这样的行为都十分容易遭人嫉妒和憎恨，不但不能让你在社交中如鱼得水，还可能因为过于招摇而招致祸端。

在历史上，因为与领导、上司等相处时锋芒毕露而招致杀身之祸的例子，比比皆是。

在《三国演义》中，谋士杨修之死的根本原因，就在于他过度展示自己的才华，结果惹来曹操的忌惮，才最终将自己推向死亡的结局。

书中写道，曹操在府邸新建了一座花园，但是他认为新建的花园园门太宽了，所以就在门上写了一个“活”字，暗示心中想法，并深以为很高明。而杨修看了后，直接点透曹操的想法，告诉大家说，丞相的意思是嫌园门“阔”，还马上下令让工匠们照着曹操的意思改造。但是，杨修的这一卖弄行为却让曹操觉得他能够猜透自己的心思，是非常不安全的，于是对杨修非常忌惮。

后来有一次，塞北进贡给曹操一盒酥饼，曹操便在盒子上写下“一合酥”三个字。杨修看到盒子上的字，又自作聪明地把酥饼分给了下人。曹操知道后，非常生气，质问杨修为什么要这么做。杨修回答说：“您不是写的‘一人一口酥’吗？”杨修的擅自揣度，让曹操的心里更加不满。

在曹操身边，杨修经常卖弄才华，揣度上司心意，并擅作主张，还沾沾自喜地觉得自己十分聪明。对杨修的忌惮和日积月累的怨气，终于导致曹操后来找了个借口杀掉了杨修。

由此可见，领导喜欢聪明人，但不喜欢太过聪明的人，更不喜欢自以为聪明的人。所以，我们一定要对自己的身份有个准确的定位，一旦得意忘形，信任和倚重就可能会变成猜忌与忌惮。毕竟人人都有嫉妒心理，不管是多么优秀的人、多么厉害的领导，也很少有例外。

因此，无论你是个多么有才华、有能力的人，只要你希望通过向上社交获得资源、人脉，获得领导、客户或其他优秀的人的赏识和重用，就要在与之交往过程中注意以下几点：

一、摆正位置，勿为人师

很多人都讨厌“好为人师”的人，孟子就曾说：“人之患在好为人师。”这种心理是人的共性，我们都喜欢别人向自己请教问题，而自己夸夸其谈时，会给自己带来一种虚荣心上的满足。但换位思考，如果别人总是热衷为师说教，常常对你的所作所为“指点一二”，你还高兴得起来吗？会不会敬而远之？

所以，想在向上社交中获得别人的好感，即使你是个才气纵横、能力超群的人，也需注意自己的位置，是下属，是合作伙伴，还是朋友，而不要用“我什么都知道”“你这样做很笨啊，如果是我，我会这样……”这类说教语气和方式与人交流。或许你并无坏心，只是想善意地提醒帮助对方，可落在对方眼里，却可能是炫耀、显摆，导致对方对你产生厌烦、嫉妒的情绪。

二、适度示弱，学会请教

有些时候，学会适度示弱，谦虚地向别人请教问题，也可以引起对方的好感。生活中有数不清的例子都向我们证明，谦虚诚恳、善于请教的人更容易赢得别人的好感，也更容易收获更和谐的人际关系。

有人可能担心，如果自己向别人示弱，对方会不会认为自己能力太差，而不愿意与自己结交？

其实不然。很多时候，适度地向别人示弱，不仅不会让别人觉得你能力不足，你反而可能留给他人认真思考、做事周全、谦虚诚恳的印象。在社交中如鱼得水的人，都懂得聪明不露、才华不逞的道理。如果你是一个能力特别强的人，也可以在适当的时候向他人请教问题，这时你的请教还会让对方觉得自己的价值得到了肯定，仿佛收到赞美，同时也能让别人觉得你并不是“无坚不摧”，你也有弱点和需要帮助的时候，这也会显得你更好接触和亲近。

示弱和请教问题都是一种向上社交的手段，比如主动透露自己的弱点，引导对方说出他擅长的事，勾起对方跟你交谈的兴趣，别人对你的好感自然而然就建立起来了。

三、严守底牌，不逞强

锋芒太露的人大多都爱逞强，殊不知在自己张扬之时，已经把底牌露给别人了。失去底牌的人，在社交中很容易陷入被动，失去社交先机。

所以，向上社交过程中，一定不要过于逞强，不让对方知道自己的底细。想要结交更优秀的人，就要时时给他们惊喜，让对方意识到你是个值得结交的“有用的人”。要学会深藏不露，在适当时机再展示才华，别人对你的好印象才会不断呈现上升态势。也就是说，要学会先隐藏锋芒，降低别人对你过多的期待，再在一些关键性的时刻帮助对方解决燃眉之急。这样一来，你不但能避免别人对你的嫉妒、忌惮，又可以通过前后印象的落差感，拉高对方对你的赞赏与好感，让别人一次就记住你的实力，后续也更乐意与你交往，甚至成为朋友。

古人云：骐骥一跃，不能十步；驽马十驾，功在不舍。适时地表现出自己的憨厚、实在，暂时低调蛰伏，并没有什么不好，反而会让别人觉得结交、重用你很有安全感。而在适当的时刻展露锋芒，彰显才华，又能给众人以眼前一亮的效果，更能帮助你在高端圈子当中获得青睐。

第八章

克服社交障碍，拉近彼此心理距离

无须自卑，你不比别人差

在美国有这样一种观念：你认识谁，比你知道什么更重要。

在生活当中，总是有一些关键的时间点，因为认识了一些关键的人物，他们对你的人生产生了巨大的影响。比如，你的一位领导在工作中帮你纠正了一个错误，这个纠正就可能帮助你提高在整个职业生涯中解决问题的能力。

事实上，真正的人脉关系绝不只是"认识"某些人而已，把陌生人变成熟人，只是完成了"认识"这一步，更重要的一步是如何把熟人变成你的知己、你的智囊、你的贵人，让他们成为你人脉网上积极的一部分，让他们愿意为你牵线搭桥、为你背书，帮助你成功，这才是真正有意义的人脉。

其实，很多人对人脉的搭建是有认知误区的。比如，有些人就因为自卑、没底气，不敢去结识和结交那些更优秀、更厉害的人，总觉得自己低人家一头。很多人就经常说："在酒会或行业会议上，看到那么多优秀的人，自己就是不敢靠近，更不敢结交，自己没什么价值，别人怎么愿意跟我结交呢？”“我这个人也没什么优点和长处，不知道怎么跟那些层次高的人交往，没有信心去建立人脉关系。”“哪怕我有心结交，万一人家不搭理我，岂不是很尴尬！”

生活中自卑的人大有人在，这通常与他们的成长环境有很大的关系。比如，有些人从小就被大人拿来跟其他优秀的孩子做比较；有时哪怕自己的成绩不错，家长也不夸奖自己，还让他们戒骄戒躁。在长期来自外界的负面反馈或否定影响下，孩子的自信心就会逐渐丧失，内心也会不由自主地拿自己的缺点和别人的优点相比，由此产生深深的自卑感。这样的孩子，长大后自然也不敢自信地去与那些比自己强、比自己层次高的人交往。

即使像北大才女李雪琴这样优秀的人，从小到大也经常感到自卑，她因为自己身材的原因，觉得自己不好看，不会被人喜欢。可见再优秀的人，也都可能存在自卑心理。因为人无完人，没有人能十项全能样样好，再优秀的人也有长处和短板。而敏感的人习惯用自己的短板去对比他人的长处，对自己提出过高的要求，过分追求完美。长此以往，不但会消磨意志，让自己停滞不前，而且当外人看到你的自卑消极，也很难再乐意为你提供助力。

学会爱自己，是终生幸福的开始。一个人只有先相信自己、喜欢自己，外人才有可能被你的自爱、自信所感染，相信你是一个有价值的、值得结交的人，从而更乐意与你交往。而一个人想融入优秀的圈子，最好的方式就是让自己越来越优秀。放下自卑心理，相信自己能行，才会变得越来越好。

有人可能会发愁，觉得自己就是个从小自卑的人，自卑已经变成一种习惯，如影随形，想改掉可能比登天还难，这要怎么办呢？

其实，这不是什么难事。按照以下三步走，你很快就会相信，自己真的很好，完全无须自卑。

一、亲贤人，远小人

朋友对我们的看法和评价，很大程度上会影响我们的自我认知。相信人们在生活中总会遇到几个爱“鸡蛋里挑骨头”的朋友，他们平时总是批评你，一边批评还一边说：“我这都是为了你好。”好像全世界只有他最关心你、最为你着想。

如果你的身边有这样的朋友，最好尽快远离。他们对你的评价不过是一种精神操控，在批评打压你之中让自己获得快乐和成就感。这些批评对你并不是帮助，因为它们从不客观，只是在消耗你的自信和勇气，让你变得自卑畏缩。

想变成更好、更自信的人，远离自卑的第一步，就是要远离这些总在用言语打压你、消磨你自信心的损友。而且剔除身边的损友，我们才能为更优秀的朋友留出位置。一个优秀的人如果看到你身边都是高质量的朋友，也自然会更乐意与你结交，因为你的朋友质量展示的也是你的人品。

二、亲友“夸夸群”，发现自己闪光点

很多人之所以自卑，是因为不会换个角度看问题，不能客观或乐观地发现自己身上的闪光点。一个人如果总是用自己的短处去和别人的长处对比，自然会觉得自己一无是处，干什么都提不起精神，带有一股颓丧之气。这样的人，也很难在社交中受到青睐。

实际上，如果我们换个角度看问题，学会用自己的长处和别人的短处做比较，岂不是能发现自己处处都比别人强，也就会少些自卑，多些自信？

所以，要相信自己很好，尝试在日常社交中和亲朋好友互相夸奖。先主动出击，多多夸奖别人，那么投桃报李，别人也会乐意多夸奖和鼓励你。在这种互相夸夸的良性循环中，自卑的人不但能从别人的夸奖中找到自己的优势和闪光点，还能用事实告诉自己无须自卑，自己同样有很多值得被喜欢的地方。同时，我们也能在这种互相夸奖中逐渐加强与别人的情感联系。谁会不喜欢一个每天夸奖自己的人呢？

不论在任何时候，赞美别人也是帮助自己。一旦某一天你陷入困境需要援手，那些平时能发现你的好、乐意夸奖你的人，也一定会在关键时刻为你提供帮助。

三、相信自己，你配得上

自卑的人在跟比自己优秀的人交往时，常常会畏手畏脚，害怕被对方拒绝。他们总是看低自己，认为自己不配得到与那些闪闪发光的人站在一起的机会。

这种觉得自己“不配”的心理，其实是来自内心的不自信和对自己的质疑。一旦这种“不配”的意识成为习惯，我们在与优秀的人交往中就会不自觉地退缩，内心也十分抗拒与优秀的人交流。

打消“不配”的自卑心理的最有效方式就是给自己积极的心理暗示。心理学中有一个理论，叫“自我实现的预言”，指的是人们会不自觉地按照自己的语言来行事，而事情也最终会向自己预言的方向发展。也就是说，只要你相信一件事会成功，那么这件事成功的概率就会倍增。

因此，我们不妨相信别人会喜欢自己，也相信自己值得被优秀的人视为朋友。先在心里给自己预设一份期待，告诉自己：我要和那个优秀的人成为朋友，因为我拥有一、二、三……诸多闪光点，我值得对方把我当成朋友。在这种正向信念的影响下，你的行为也会向这个方向发展，对方也会感受到你的优秀和真诚，发现你的价值。

网上流行的一句话说得很好：“出门在外，身份是自己给的！”不要自卑，相信自己是很厉害、很优秀的人，你的自信也会感染周围的人，让别人认同你的好，被你的光芒吸引，并乐于将人脉资源共享给你，毕竟谁能拒绝一个乐观“小太阳”的求助呢！

拒绝害羞，不要在意别人的眼光

在年轻人的社交圈中流行着这样一个问题：“你是 e 人还是 i 人？”

什么是 e 人和 i 人呢?

其中,“e”表示的是 Extrovert(外倾类型),“i”表示的是 Introvert(内倾类型)。原来,年轻人调侃地将自己归类为 e 人或 i 人,是用来解释自己在日常社交活动中的行为倾向。一句“暗号”,有趣地将社交中人的类型分为外向型“社牛”和内向型“社恐”。这样,即使在觥筹交错的聚会上,如果有人十分害羞,不愿和人交谈,似乎也能用自己是个“i 人”为借口,心安理得地躲避社交,以获得大家的体谅。

“e 人”和“i 人”的概念,来自美国作家伊莎贝尔·布里格斯·迈尔斯和她的母亲凯瑟琳·库克·布里格斯共同制定的一种人格类型理论模型。这一理论模型也叫迈尔斯布里格斯类型指标(即 MBTI 人格类型,也称十六型人格),是在荣格划分的八种心理类型基础上衍化而来的一种人格类型理论模型,其中以外倾/内倾、实感/直觉、理智/情感、判断/理解四个维度来测试人格倾向,进而分析一个人的心理特点和人格特点。

正如 MBTI 人格类型测试中,将性格内向还是外向排在测试的首位,我们在社交活动中评价一个人时,也习惯笼统地评价对方,比如“他这人很外向,活泼、爱说话,很随和、好接触”,或者是“他这人有点儿内向,比较低调害羞,不爱说话,不太好交”。我们一般认为外向性格的人富有活力,喜欢社交,喜欢参加各种活动,并且认为他们更关注对世界的感受,喜欢热闹和与人接触。相反,内向性格的人更喜欢独处、思考和自省,对外部世界关注比较少，因为害羞或在意别人的看法，内向的人习惯于减少社交。

在这种社交印象下，外向的人在社交活动中往往也更“吃香”，容易受到别人的关注和欢迎；而内向的人由于羞于表现自己，羞于与人对话，社交中可能出现畏畏缩缩的表现，导致他们不太容易交到朋友。这就导致“e人”和“i人”在社交活动中出现比较严重的资源倾斜，更多资源和人脉会流向e人，而i人则因为害羞内向，在社交中裹足难行。

那么，这是不是说明外向的人真的比内向的人在社交中更具有优势呢？

实际情况恰恰相反。有研究发现，内向的人竟然更容易在社交中与人融洽相处，他们缺少的并不是与人相处的能力，而是过度在意别人的看法，导致自己缺少迈出社交第一步和主动结交朋友的自信。

心理学家汉斯·艾森克曾提出一种理论，认为性格内向的人本身具有较高的“觉醒”水平，比较容易刺激过度，需要独处恢复精力，储备能量，并在社交过程中为他人提供能量；而外向的人则恰好相反，他们在与别人交往过程中，更多的是从他人那里获得能量。

如此看来，内向的人在实际社交中会更容易受到他人的欢迎，给他人留下好印象。因为这类人经常处于“给予”他人能量的状态，也就是能给别人提供“价值”。只是因为他们更注重向内观察自己，而非关注外界，这份害羞和对自己正能量的忽视，让他们错失了很多社交机会。

事实上，内向或者外向并不是天生基因携带的不可更改的编码，而是可以通过后天练习而逐步调整的。内向的人应该积极发现自身内向性格的优势，尝试突破自己，并利用自己的这些优势去参与各种社交活动，认识更多优秀、有能力、有见识的人。在这个过程中，你会发现自己的害羞就像是社交“围城”的一圈高墙，而不在意他人眼光，自信勇敢地与人交流，则是通往“围城”外广阔天地的大门。只要敢于走出去，主动与别人交往，实现向上社交并不是困难的事。

在拒绝害羞、勇敢做自己这方面，美国人的社交方式有很多值得我们借鉴的地方。如果内向的你正苦恼于不知如何融入一些更高层次的社交圈，不妨参考一下他们的处事方式。

很多中国人去美国工作学习很多年，也不能适应美国人的社交圈，因为中国人多内向害羞，而美国人多外向开朗。大家的文化根基不同，对人际交往的看法和理解也不同。

但是，大家都有渴望社交的共性。比如，大家都热爱美食，关注健康与运动，对热点新闻好奇，渴望被人接纳，通过帮助他人得到满足，等等。除了这些社交共性，美国人有什么不同吗呢？他们更愿意主动帮助别人和相信陌生人；在社交中有较强的边界感，尽量避免冒犯别人；更喜欢参加各种活动，对别人表达感谢……这些开放的特性，也让他们在与人交往过程中更容易获得别人的好感和认同。

从美国人社交习惯的表象中可以发现，他们的“社交悍匪”属性养成方法并不神秘，只要大胆敢说，你就成功了一大半。所以，内向、害羞的人想要克服社交障碍，搭建自己向上社交的朋友圈网络，可以参考下面几种方法：

一、拒绝害羞，学会发声

既然人与人之间有那么多的社交共性，人同此心，心同此理，又有什么可害羞的呢？你可能会说错话、做错事，但同样有很多人会和你犯一样的错误，所以你不孤独，也不必害羞。

在向上社交过程中，大胆发声，并且大声发表你的见解，积极提高你和老板、同事、客户等人群的沟通频率。你说得越多，他们越了解你，就越能看到你的价值；你说得越多，你的诉求越能被人关注，你的权利也越能得到捍卫。当你发声的时候，人们的社交视线才会汇聚在你身上，你才有机会拉近别人和你的心理距离。

二、积极参加活动，不要在意别人的眼光

很多“社恐”人士不喜欢社交，拒绝参加集体活动，就是因为怕在社交过程中给人留下不好的印象。少做少错，不做不错，这就是他们的社交宗旨。简而言之，他们害怕在社交中收到别人坏的评价。

然而，如果我们换个更积极的角度思考问题，就会发现，自己不走出去确实不会犯错，但是却会一无所获；走出去多结交朋友，或许会因为说错话、做错事而被人批评、指责，但是同样会收获赞

美、快乐、朋友、人脉。既然如此，为什么不勇敢地去试一试呢？毕竟一千个人心中有一千个哈姆雷特，有人讨厌你，就必然有人喜欢你。如果你勇敢地忽视那些讨厌的目光，就会收获许多赞赏的目光。

积极参加活动，融入社交圈，这些社交过程中的正向评价就是你的人脉关系网的背书，也会在不经意的时候帮助你收获意想不到的助力。

三、积极主动地帮助别人

有些特别害羞的人，很难克服社交障碍，走近他人身边进行交流，这时我们不妨从积极主动帮助他人入手。毕竟，帮助他人，收获的更多是感谢和赞美，这就可以很好地帮助我们克服社交恐惧。因为帮助他人的时候，我们传递给对方的是善意，对方也必然会相应地回馈给我们善意和温暖。

比如，你在日常不敢跟同事交流闲谈，那就主动找机会帮助对方，比如，顺手帮同事取外卖；同事工作有困难解决不了，就主动询问对方是否需要帮忙，等等。这些都是打破社交壁垒、激发对方进一步社交意愿的有效办法。

在向上社交的时候，因为身份、情感、社交诉求等方面的差异，很多内向害羞的人都难以拉下脸面走出社交第一步。但你要知道，你担心或害怕的那些不好的评论和情况，也许都不会发生。这个世界上有各种各样的人和各种各样的关系，所以你无须在意别人的眼光。怀抱真诚的善意，参考以上几条建议，积极勇敢地与他人交流，你收获的可能是更多的朋友、全新的人脉圈和来自他们善意的帮助。

克服偏见，不要戴有色眼镜看人

在生活和工作中，每个人都有一些让自己感到不喜欢的人，不管他们是朋友、同事还是领导。大家可能是因为三观不合，也可能是因为某些事情产生了冲突，有了过节。

这是一种很正常的现象，但是，接下来如果我们面对这个人时所采取的方式不同，给自己带来的影响也会不同。如果我们继续用原来的态度与对方交往，那我们心里就会一直不爽，甚至能找出对方身上更多令人讨厌的地方，与对方的关系也无法改善；反之，如果我们能多从对方身上寻找优点，或者寻找对方身上更有价值的地方，我们就可能会放下自己的偏见，尝试着与对方建立连接。这样不仅可以改善我们与对方之间的关系，拉近彼此间的心理距离，拓展自己的人脉，未来这些人还可能给我们带来更多的正向力量，为我们的向上社交奠定基础。

心理学上有一个名词叫晕轮效应，意思是说，当认知者对一个人的某种特征形成好的或坏的印象之后，就会倾向于据此推论该人其他方面的特征。这种强烈知觉的品质或特点就像是月亮的光晕一样，向周围不断弥漫、扩散，从而掩盖了这个人其他的品质或特点。简单来说，就是我们认识或了解一个人时容易以偏概全，认为自己看到的就是自己的判断评价结果。而一旦形成主观偏见，我们对这个人就不能客观对待，结果可想而知。

在向上社交时，人们经常会陷入晕轮效应中，因为看到某个人的某个缺点，就会全盘否定这个人，认为这个人不可结交，结果可能会让自己失去很多好的资源和机会。

真正能够在社交生活中如鱼得水的人，通常都不会对某个人、某件事有太多的个人偏见，也不会经常戴着有色眼镜看人。即使对待一些自己看不惯的人和事，也不会从主观思维上去判断对方，而是能够从多角度、多方面去分析，努力寻找对方身上的闪光点和可以结交的理由。

后世对孔子的评价一直很高，很多人认为孔子的成就是无人能及的，将其称为“万世师表”。为什么大家对孔子这样推崇？原因就在于他这个人非常平易近人，与所有弟子都能和平共处。面对地位比他高的人，他也从不恃才傲物，非常恭敬。所以，在他生活的时代，虽然他的学说没有得到君王的认可，他不得不四处奔走，宣扬自己的学说，但他几乎不会随便得罪任何人，在每个国家也能得到了很多人的敬重。

向上社交更要放下个人偏见，避免自己囿于一己之见，用有色眼镜看人、看问题，导致自己失去更好的机会和资源。

那么，在向上社交中怎样克服偏见呢？

一、避免先入为主

每个人都有先入为主的思想，一旦一种内在观念根深蒂固，在与人交往时，我们就容易把这种观念强加在别人身上。在心理学上，这种先入为主的思维模式被称为“确认偏误”。简单来说，当你对某个人的印象或了解是通过别人的话或其他渠道获取，这些信息在大脑中占据主导地位，之后见到这个人时，你就会用之前对他的理解和认识来看待他。这很容易造成我们在人际交往中过度相信自己的主观臆断，错误地判断他人的行为动机和目的。

比如，我们新入职一家公司，从同事口中了解到老板是个严厉、刻板、不近人情的人，那么见到老板本人时，不管老板表现出什么样的言行，我们内心都会认定他是个严厉、刻板的人，与老板沟通时也会带着一定的防御心理。甚至老板无意中说出来的一句话、做出来的一个动作，我们都会用大脑中的印象来进行解读。这势必会影响到与老板的深入沟通，也影响我们的进一步向上社交。

所以，在社交中，一定要避免先入为主、以偏概全，避免被刻板印象所束缚，而是要用全面、客观的视角来观察和了解对方，与对方沟通和交往。

二、避免“循环证实”

有些人对他人的偏见十分强烈，而且这种偏见一旦形成，便久久不能消除，自己甚至还会找出很多理由证实自己的偏见。这就是受到了“循环证实”的影响。

所谓“循环证实”，就是心理学上所说的互动效应，即你对某个人抱有反感，那么慢慢地对方也会对你产生敌意，于是你就相信自己最初的判断是正确的。反感对反感，敌意对敌意，彼此之间的偏见和隔阂越来越深，自然就无法深入交往了。

要想避免这种情况出现，在社交活动中，我们首先要保持清醒的头脑，不要一味地认同别人的观点，而要主动理智地改变自己偏执的态度和言行，切断偏见的“恶性循环”，带着更加友好、客观的态度与对方交往沟通，这样才有可能形成社交关系中的良性循环，结交到更多优秀的人，接触到更多优质资源。

三、不要在社交中带有“个人化观念”

人的脑海中的观念都很顽固，一旦形成某种观点或印象，就会将其视为绝佳想法。在社交活动中，有时为了不改变自己大脑中的这些观点，我们甚至会扭曲自己的立场，这就是潜意识中观念的固化。久而久之，这些观点或想法就会不断强化自己的信念，成为自己大脑中的“固化体”。

比如，你认为某个人很傲慢，那么他说什么、做什么，你都认为他表现出了一定的傲慢。

你认为某个人的观点是错误的，那么不管他把这个观点放在什么事情上，你都认为他是错误的。

你认为某个人不值得交往，那么不管对方是否优秀或者拥有很好的资源，你也仍然认为他是不值得交往的。

这些固化的思想和观念，很容易阻碍你以开放、接纳的心态去与人沟通，更无法有效地与对方建立关系，实现向上社交。

如果不想让这种观念影响我们的社交活动，我们就要去除脑海中的一些“个人化观念”，不要总戴着有色眼镜看人，而是以积极、友好、开放的态度与对方交流，消除内心中的疑惑，打破固化思维。

不可否认，在社交过程中，每个人都会有不同程度的主观意识，但如果我们能从主观意识上调整自己的思维模式，摘下“有色眼镜”去观察人、接触人，可能就会发现眼前的世界变得很不一样。这时不但自己的思维会变得开阔、活跃，与人交往时也可以看到对方身上更优秀的一面。

背后称赞效果更佳

社交场就像一个巨大的舞台，热热闹闹，你方唱罢我登场。有人台前唱戏，有人台后翻脸，一些人当面一套、背后一套，前一秒还笑脸相迎，后一秒转身就能给人捅刀子，让人不禁感慨人际交往中的“腥风血雨”。

然而，正是这些“台前”“台后”构成了社交网络这个有机的整体。谁能更好地处理“台前”与“台后”的关系，把握好人前人后言谈举止的原则和尺度，谁就能与优秀的人建立更深层次的连接，打造自己在朋友圈的好口碑，让“江湖”上人人提到你都交口称赞。

实际上，越是高端人群，越讨厌背后讲是非的小人。背后说人是非，不但容易伤害他人，也会留给旁观者表里不一的坏印象。所以，在社交这场大戏中，背后说人是非是社交中最忌讳的行为，也是我们社交中的一个障碍。

然而，也并不是什么样的“是非”都不能讲，如果你想说的是赞美夸奖他人的话，那么在背后说可能就会起到意想不到的效果。一句良言暖三冬，“台前做戏，台后做人”，掌握好会“做人”的本事，简单的赞美也能帮你实现向上社交，获得他人的好感。

《红楼梦》一书中就有这么一段故事：

史湘云和薛宝钗劝贾宝玉做官，贾宝玉本就对做官十分反感，听到两人这样劝说自己，更是大为光火，于是便对着史湘云和薛宝钗说：“林姑娘从来没有说过这些混账话！要是她说这些混账话，我早和她生分了。”恰好此时林黛玉从窗边经过，听到贾宝玉背后对自己如此称赞，不禁“又惊又喜，又悲又叹”。也因为这件小事的机缘，宝玉和黛玉二人后来互诉肺腑，彼此的感情大大加深。

书中宝玉和黛玉在感情上进进退退，时起波澜，林黛玉常会因为贾宝玉一句漫不经心的话而伤春悲秋，两人的感情也有很多次的互相试探，但贾宝玉从没把两人之前的龃龉当回事，在史薛二人面前始终真心维护和称赞林黛玉，这比他当面道歉哄林黛玉可奏效得多。

可见，想夸奖一个人，背后赞美更容易打动对方。当面的赞美有可能会让对方觉得有恭维、客气的成分在，甚至有时赞美得太过火，对方还会觉得你这人有些虚伪，即使接受了你的赞美，心里也会犯嘀咕。而背后赞美则完全不同，在背后还能赞美别人的人，一定有宽广的胸怀和诚实的品质。背后都能如此赞美别人，内心一定也是这样想的，这种真心实意的赞美传到对方耳朵里，往往会起到有事半功倍的效果。

有些人可能会担心：我在背后赞美别人，别人又听不到，这有什么意义呢？

俗话说："没有不透风的墙。"社交网络可不是密不通风，你与人交往时的一言一行，都会在适合的时候传到当事人的耳朵里。所以，你只需要担心自己称赞别人的水平是否高超就好了。

那么，想借赞美之词打好向上社交这场仗，我们又该怎么做呢？

一、以德报怨，心胸宽广

在社交活动中，我们总会不可避免地与他人产生一些摩擦。有些人虽然维持着表面的和平与友好，背地里却可能疯狂吐槽对方。这实在不是社交中的明智做法。聪明人往往会以德报怨，用自己的宽容大度聚笼人心。

试想一下，你们在会议上因为一项工作最终听谁的意见发生争执，双方大动肝火，对方甚至当面说你的方案一无是处，根本行不通。但是，你在会议结束后反省自己的问题，诚恳地对别人说："刚才会议上，我不该和小张争执，其实她的方案有很多亮点，做得很好。"而这样的称赞恰好被对方听到，对方会不会觉得内疚，并对你的客观、公正、大度的品质心怀感激和尊重呢？一旦对方内心接受了你诚挚的赞美，你们之间的争执和摩擦就会烟消云散，在未来的沟通合作中，你也能收获对方更多的好感和认同。

二、用背后称赞导出你想要的结果

在向上交往过程中，背后称赞别人的妙用可不仅仅是为了让别人承你的情，对你产生更多的喜欢和亲近的情感。经常在背后称赞他人的人，还会巧妙地利用赞美，让别人主动去接受自己的请求。

心理学上有这样一个观点：当一个人发现别人对他的印象和评价与他自己的内心期望有所不同时，他就会不自觉地调整和修饰自身言行，希望更加符合别人对自己的看法。这就是巧用背后称赞的奥妙。

比如小李想让领导提拔照顾他，就在背后跟别人夸奖领导，比如告诉别人："领导人很好，总是提点我的工作，对我挺照顾的。上次报销单填错了，还多亏了领导指出，我才看到的，真该好好谢谢他。"这样的话传到领导耳朵里，领导知道了小李对他的感激和赞美，就相当于看到了他的感恩之心，也更容易在以后的接触中不自觉地关注和提拔他。

三、从细节上赞美，让你的赞美润物细无声

在赞美他人的时候，真诚且不引发他人反感是最重要的。无论是当面赞美还是背后赞美，都需要把握好尺度，懂得过犹不及的道理。

在职场中，我们背后赞美领导，是为了让这些话能传到领导耳朵里，从而对你产生更多的好感。但是，如果你经常在同事们面前为领导歌功颂德，先不说领导能不能听到，同事们首先就会觉得你是个爱拍马屁的人，久而久之可能就会对你产生敌意。

因此，在背后称赞别人时一定要注意低调、自然，不要太过造作。我们可以从一些稀松平常的细节上很自然地去夸奖别人。比如，在跟同事聊换季买衣服时，就很自然地说道：“领导今天穿的衬衫挺好看，他总是那么会穿搭。”这样从一件衬衫、一对耳环等日常琐碎细节去称赞领导，既不会显得过分殷勤，也不容易引起同事的猜忌。润物细无声地将自己对领导的好感、称赞、尊敬传递给对方，效果也许会更好。

总之，想要拉近与别人心理上的距离，有时候可能只需要一句背后恰当的赞美。学会以德报怨，包容对方，学会借别人之口将赞美之词传递出去，即使对方身处高位，不乏赞美者围绕，你背后的赞美也可以让对方获得极大满足，从内心认定你是一个值得结交的人。

主动出击，才能掌握社交主动权

在日常的生活和工作中，大家都希望建立向上社交，希望通过向上社交向优秀的人学习，与能力更强的人做朋友，获得社交网络中的优质人脉、资源和一手资讯。但是在很多时候，我们的向上社交并不顺利，有时是因为缺少机会，虽然有心结交那些厉害的人物，可由于我们与他们的生活完全没有交集，没办法接近或者结识到他们；有时是因为缺乏自信，即使有了和大咖们接触的机会，也不敢主动去和对方打招呼，觉得自己是“小虾米”，“大佬”们看不上自己，去打招呼也是自讨没趣；还有些时候是因为没能建立有意义的连接，即使有机会、有自信，在各种展会、论坛等社交活动中努力挤到了大咖身边，却也只完成了握手合影、要名片这些最简单的社交步骤，后续没能对这段社交关系进行发展跟进，也没能真正与更高圈层的人建立有价值、有意义的连接。这样一来，就算自己认识了再多的人也只是停留在认识的层面，无法将其转化成人脉资源。

那么，作为一个普通的、缺少机会和人脉的“小透明”，我们究竟应该如何结识大咖，向上开拓自己的社交网络呢？

哈佛商学院“学霸”赵路云结识吴晓波的故事，可以为我们向上社交提供很好的参考。

赵路云在缺少机会、人脉、资源的前提下，凭借主动出击、创造机会、大胆开口的方式，成功搭建了自己的人脉网络，用“贵人”吸引“贵人”，把握一个契机，结识到了更多优秀的人。

赵路云原本并不认识吴晓波，但是在参加春晖博爱的一个慈善公益基金会时，了解到有一个竞拍内容能和吴晓波共进晚餐。赵路云考虑到两人都愿意来参加这个慈善活动，是一件十分有意义的事，而拍下这个拍品又可以和吴晓波有一次深度接触，于是就拍下了这个拍品，把握住了这次机会。在这次晚餐中，赵路云不但拿到了吴晓波的联系方式，人脉广阔的吴晓波还同时邀请了其他一些朋友共同参加，赵路云一下子获得了结识更多优秀的人的机会。

后来，赵路云准备在喜马拉雅上开设一门“哈佛学霸赵路云教你财富管理与传承”的课程，就想到了同样关注慈善事业且对财富话题见解颇深的吴晓波，希望这一课程能获得吴晓波的推荐和参与。不过，有了这个想法后，赵路云并没有冒进，直接邀请吴晓波来参与，而是先联系了一些其他大咖，收获了一波圈内人的认可，并邀请了业界具有很强学术专业背景的华人金融教授金李，还自己策划了“慈善如何创造快乐”这个话题点，准备和吴晓波沟通。

在经过充分准备，并获得行业大咖、学术大咖的支持，也确定了较为新颖亮眼的讨论主题之后，赵路云才自信地邀请吴晓波参与进这次课程当中，后续这次课程也获得了吴晓波的认同，收获了不错的效果。

从赵路云的经历来看，打破社交障碍最好的方式之一就是主动出击，没有机会就创造机会，没有与贵人之间直接的连接，就挖掘共同关注点，策划创造共事的机会。“你若盛开，清风自来”，当一个人主动出击，积极去搭建向上社交的平台，用已有的人脉去吸引新的人脉，合理利用资源，用现有资源去吸引新的资源，就相当于掌握了社交的主动权，其每一步规划不仅是在帮助自己向上攀登，同时也帮助了这张社交网络里的每一个人，为自己获得了更多的人脉资源，也获得了一起成长的机会。

那么，作为普通人的我们，应该如何克服社交障碍，打破向上社交的壁垒，实现主动出击，掌握自己在社交中的主动权，有规划地与他人逐步建立深层连接呢？

一、把握机会，建立自信，敢于向上社交

向上社交的机会可以是自己把握的，也可以是自己创造出来的。所以，我们平时要多关注身边的一切课程、活动、人脉、资源等，挖掘它们的延伸价值，找到与更优秀的人接触的机会。如果暂时没有，那就尝试创造机会，比如，自媒体人可以写优秀文章评论“大咖”，求得关注和接触；专业人士可以打探内部消息。哪怕是和优秀的人在机场、秀场、论坛等场合偶遇，都可以成为我们认识和结交他们的契机。

有了机会之后，你需要的就是自信和勇气了。所谓“大咖”，成“神”前也是“人”，他们的成功是天赋、努力、机遇等多方面综合的结果，但他们也同样具有普通人的缺点和烦恼。我们无须在内心神化那些优秀的人，要学会大方自信地和对方打招呼，展示自己的优势和价值。无论面对多么优秀、多么厉害的人，自信地与对方交往，都能给对方留下较好的印象。

二、挖掘与你“大咖”的连接点，充分准备

成功的向上社交一定是准备充分的。更高层圈子的人不会有兴趣与平平无奇、毫无特点的你聊天，但如果他爱打高尔夫球，而你恰好也是个高尔夫球行家，那就另当别论了。

所以，在向上社交时，主动出击也要谋定而后动。你可以先通过一些渠道了解对方的学历、背景、家庭、事业、爱好、参与的社会活动等，在其中找到你们的共同点，比如同样关注公益事业、同样喜欢滑雪运动、有共同的求学经历等，基于这些共同点，建立你与对方的有效连接。共同的话题、相似的经历，都能加深你们之间的“亲切感”，让对方更愿意和你交谈，这就能为你的向上社交之路创造更多的话题和机会。

另外，别忘记我们前面提过的“六度分隔理论”，如果你能找到彼此共同的朋友，让中间人帮忙背书引荐，“大咖”们也一定会对你多一分信任，你在对方心目中的初印象也会有加分。

三、真诚对话，为对方提供价值

主动出击不是让我们做社交莽夫，“出击”这个动作不是目的，你在出击前做出的各种准备，最终将向上社交引向你想要达成的结果，才是社交中主动出击的核心。大人物时间宝贵，他们肯花时间认识我们，一定是因为我们可以为对方提供他们所需要的价值。

在上文的案例中，为什么吴晓波最终答应加入赵路云筹备的“哈佛学霸赵路云教你财富管理与传承”课程中呢？一方面是因为赵路云课程的内容、“慈善创造快乐”的主题讨论，都是吴晓波感兴趣并觉得有意义的，赵路云精心准备的内容首先就提供了价值；另一方面，赵路云提前网罗的各位“大咖”也是吴晓波同意参加活动的重要原因，谈笑皆鸿儒的课程“底盘”，让吴晓波认为加入进来，和更多优秀的人探讨、沟通，是一件有价值的事。此外，从准备的内容和邀请的人脉两方面，都可以看出赵路云对此课程筹备的认真和对所邀人员的真诚。真诚是必杀技，用真诚能换得信任，而且还能为对方提供社交人脉和资源上的后续价值，那些"大咖"们又怎么会不愿意参加呢？

显示自己能为对方提供的价值，做好充分准备，借名人之势，将名人人脉变成自己的人脉，我们就能在向上社交过程中逐渐提升自身价值，逐步被大人物看中。

向上社交，会用主动占据先机，会用人脉吸引人脉，积极搭建螺旋式良性上升的社交网络，构建你和大人物之间连接的意义，你就能掌握社交的主动权，与真正厉害的人建立连接。

适当"麻烦"别人，更能拉近距离

脱口秀演员李雪琴在某档节目中谈起成长的各种烦恼时，曾说过这样一段话："我之前在社交中一直很被动，对人生的最大要求就是不给别人添麻烦。所以，我几乎从来没有开口求过人，我觉得这是我高尚的品格，但后来我上大学的时候上了一门心理学课，老师跟我们说，增进友谊的有效方法就是向别人提出请求。"

李雪琴这段话其实道出了这样一个道理：麻烦别人有时候是在向对方发出信号——我信任你，敢去麻烦你，所以当你有困难时，也可以信任我，过来麻烦我。

这就像心理学家阿德勒说的那样："每个人来到这个世界上，

都是为了追求一种价值感和归属感。”所以，在社交活动中，适当地麻烦和请求别人不但不会令人反感，反而会传递给对方一种价值感，让对方觉得自己是有价值的，是被需要的。

人们向上社交的一个重要目标，就是希望通过与他人建立连接，形成互利互惠的关系，在遇到困难时能够及时得到援助。而互惠互利的关键词就是“互相”，即使身份地位、能力资源都存在差距，人和人之间也总有需要互相帮助的时刻。即使是那些很优秀、很厉害的人，即使是身处高位的人，也并不总是一帆风顺、别无所求的，也有可能在一些时候向他人求助。

当然，如果你感觉通过“麻烦”别人拉近彼此距离有困难，也可以先给别人“麻烦”自己的机会，巧妙地建立互相付出的羁绊关系。在互相帮忙的同时，既不给别人增添负担，又让人感受到彼此关系的逐渐亲近，更能让向上社交变得水到渠成。

美国著名政治家本杰明·富兰克林曾提出一种提高人际吸引力的方式，即提出请求，获得对方的帮助。当时，本杰明·富兰克林十分想与一位宾夕法尼亚州立法院的议员合作，但是这位议员却敬谢不敏，对富兰克林的示好完全不理会，更不想与之结交。面对这样的社交困境，富兰克林没有死缠烂打或更加殷切地示好，反而独辟蹊径，采取了另外一种方式——麻烦对方，请求对方帮助。

富兰克林知道，这位议员家中有非常丰富的藏书，其中有一本书十分稀有。于是，他便诚恳地询问这位议员，自己能否向议员借一下这本书？因为只是借书这样的小事，议员便欣然同意了。据富兰克林描述，这次借书事件后，这位议员再次看到他时，居然主动地跟他打招呼说话，这在过去可是从来没有过的。两人就这本书进行交流不久之后，这位议员便主动表明，自己愿意帮助富兰克林，甚至随时为他效劳。

富兰克林原本殷勤地讨好这位议员，然而屡次失败后转变策略，改讨好对方为“麻烦”对方，让对方有“机会”先对自己给予帮助。如此“反向操作”的成功，其实就基于这样一个原则：曾经帮过你的人，会比其他人更容易再次帮你。如果你想获得某人的好感，不如先请他帮个小忙。

在向上社交过程中，我们也可以像富兰克林这样迂回操作，先请求对方帮助，再礼尚往来地回馈对方，让对方觉得你的善意行为是为了回报他当初的帮助，由此先建立起一种互相帮助的关系，将单方面示好变成进退有度的“人情往来”，先求小事，再还大恩。这样一来，对方在感受到你的热情的同时，也不会心生抵触，反而会因为之前小事小情上的互助和联系而对你另眼相看，也更乐意尊重你、信任你，与你结交。因为在这种互相“麻烦”的社交中，对方感受到自己的“给予”和“被需要”，而不是“被利用”。彼此双方都有付出，在情感上的交互也会日渐加深，这样日后你需要帮忙时，对方自然也更乐于伸出援手。

那么，向上社交中，究竟应该如何适度地“麻烦”对方，既不惹人讨厌，又能达成增强社交关系的目的呢？

巧妙地“麻烦”他人，搭建“人情债”社交网络，拉近彼此的心理距离，下面几点做法可供大家参考。

一、求小事，还大恩

在向上社交时，如果你想让对方接受你的善意，不妨给对方一个台阶，先建立彼此的联系。比如，先用一件无伤大雅，且是对方软易就能做到的小事，去请求和麻烦对方。在接受对方的帮助后，要立刻口头上表示感谢和称赞，表明自己知恩图报的态度，并明确向对方说明，以后如果有用得着自己的地方，请对方一定不吝开口。

对方会不会主动要求我们回报，这并不是重点，重点是要让对方知道你是一个重情重义的人，且心中念着他这次的恩情。如此一来，对方并没有付出过多，不算真的麻烦，而你也获得了下次顺理成章与对方交往的机会，可谓一箭双雕，既给自己挣得了机会，也让对方心里舒服。等到下次还对方这个“麻烦债”的时候，就是你卖人情给对方、建立彼此更紧密联系的时候。

二、心中有数，“麻烦”要适度

“麻烦”别人也要做到心中有数，适度为之，要在对方能力范围内提请求，不要给对方过大的压力。最恰当的“麻烦”，就是请对方帮我们做一点儿小事，让别人在帮助我们的过程中找到存在感和重要感，循序渐进地建立情感联系，逐步推进人情往来。

比如，我们可以请领导帮忙推荐一家好的家装公司，然后用请对方吃饭或者请对方出去玩等方式感谢对方，这样既比较自然，不会让你想结交对方的心思过于刻意，也能在一起吃饭、谈笑的时候交流感情，从而建立更紧密的情感联系。

在这种“小麻烦”的逐渐积累和每一次的感谢与回馈中，我们不但能敞开心扉，拉近彼此间心灵的距离，还能扩大自己与对方在认知、话题、资源等方面的交集，加深社交中的连接与往来。

三、切忌交换式还人情

“麻烦”别人的目的不是等价交换，而是为你与对方之间的交往创造一个沟通、联系的契机。所以要切记，不能将“麻烦”别人当成一种交换或生意。但凡求别人一点小事，就想马上在其他地方补偿对方，还对方人情，或者一旦与别人建立了互助关系，就急切地想利用好这条人脉关系，马上找机会让对方帮自己一个大忙。这种交换式社交很容易让对方觉得你过于功利，不愿意继续与你深交，最后反而会疏远彼此的距离，不利于进一步发展人情联系。

在“麻烦”别人时，千万不要生硬地送人情或者还人情。如果觉得自己欠了对方人情，不妨让欠下的人情放在心里久一些，在适当的时机再回报对方。你的小要求和小“麻烦”，是对别人能力的肯定，对对方人品的信任，让这份人情往来在对方心里酝酿得久一些，反而可以让彼此的关系更为亲密。

没有人是一座孤岛。人生在世，总是有需要彼此帮助的时候。所以，勇敢地去“麻烦”别人吧。去肯定别人的价值，真诚地与他人建立互助关系，让求助在彼此信任的亲密关系中良性发展。先走出一步，说出你的困境，相信好的感情就是适当“麻烦”，彼此感恩，越走越近。